PAPER BATTLES & DIORAMAS 010

PLAY THE ANCIENT GREEK WARS

GIOCA A WARGAME ALLE GUERRE DEGLI ANTICHI GRECI

LUCA STEFANO CRISTINI - GIANPAOLO BISTULFI

SOLDIERSHOP PUBLISHING

AUTHORS

Luca Stefano Cristini has edited various publications on ancient and contemporary historical themes, including a great work on five volumes about the Thirty Years War and many others on Medieval and Napoleonic period, as well as several illustrated books with historical color photographs. He's also in charge for all the brands of Soldiershop Publishing.

***Luca Stefano Cristini**, storico e divulgatore da sempre di storia militare. Ha diretto per diversi anni riviste nazionali specializzate di carattere storico e uniformologico. Ha pubblicato un importante lavoro, recentemente ristampato su 5 volumi, dedicato alla Guerra dei 30 anni (1618-1648), il primo mai stampato in Italia sull'argomento. L'autore ha oggi al suo attivo molti titoli delle collane Soldiershop, Bookmoon e Museum sia in qualità di autore che di illustratore.*

Gianpaolo Bistulfi was born in Milan where he lives and works. He has always had a passion for drawing and painting. In 1987, he discovered the world of flat soldiers, virtually unknown in Italy. Gianpaolo has dedicated himself to making the world of flats known in Italy: he has created a very extensive website on the subject; he has written and still writes articles for specialized magazines in Italy, Germany and England; he has collaborated in the publication of some books, providing photos of the figures of his wide collection of flat figures. His collection is one of the most important in the world.

***Gianpaolo Bistulfi** è nato a Milano dove risiede e lavora. Laureato in Ingegneria elettrotecnica al Politecnico di Milano, ha sempre avuto una passione per il disegno e la pittura. Nel 1987, scopre il mondo dei soldatini piatti, all'epoca poco conosciuti in Italia. In breve diventa uno dei massimi artisti di riferimento mondiale nella colorazione e raccolta di soldatini piatti. La sua collezione è da annoverare fra le più grandi del mondo. Ha contatti con tutto il gotha di artisti e produttori di zinnfiguren e gestisce un blog molto seguito.*

PUBLISHING'S NOTE

ACKNOWLEDGEMENT - RICONOSCIMENTI:

A special acknowledgement goes to our master paper kraft Giuseppe Cristini, expert author of all the "clippings" and assembly of our kits and buildings. Finally, thanks to Anna Cristini, author of the assembly of the stands of the figures.

Uno speciale riconoscimento va al nostro master paper kraft Giuseppe Cristini, esperto autore di tutti i "ritagli" e montaggi dei nostri kit ed edifici. Infine, un grazie ad Anna Cristini autrice del montaggio degli stand dei figurini.

The king of Sparta Leonida

Title: **Play the Ancient Greeks wars - Gioca a wargame alle guerre degli antichi greci**
By Luca Stefano Cristini & Gianpaolo Bistulfi
Serie Paper Battles&Dioramas edit by Luca S. Cristini. First edition by Soldiershop series. December 2020
Cover & Art Design: Luca S. Cristini. ISBN code: 978-88-93276658
Published by Luca Cristini Editore, via Orio 35/4- 24050 Zanica (BG) ITALY. www.soldiershop.com

PLAY THE ANCIENT GREEKS WARS
GIOCA A WARGAME ALLE GUERRE DEGLI ANTICHI GRECI

PREFACE

Greece was and still is an arid, harsh and impassable land with few resources and little space, many mountains and few plains, yet it remains the cradle of Western civilisation, the mother of philosophers and thinkers. It is therefore normal that the ancient Greeks sought their fortune outside Greece by founding the so-called Magna Grecia throughout the Mediterranean, always maintaining an infinite rivalry between the city-states within it. To do all this they became magicians in the art of war, an art that they practically invented. Their symbolic figure,
Hoplite (the Greek soldier par excellence) was a citizen-soldier. Armed with his imposing panoply (a term used to indicate all his armamentarium (lance, large round shield and helmet), the hoplite was the undisputed protagonist of the Hellenistic conflicts, and not only because of his ability in the mountainous and difficult battlefields like those of Greece itself. The way the Greeks fight also derives from their mentality: their myths often speak of heroes fighting hand-to-hand against their adversaries. It was therefore considered dishonourable to fight with a system that was not hand-to-hand. Cavalry and auxiliary bodies such as archers were also present, but seen with sufficiency by the Hoplites, warlords!
What is more, horses were expensive, unsuitable for the mountains and needed a plain to be bred and trained. It was only during the Peloponnesian war that the Macedonians exploited this weapon, relying on the plains of Thessaly for their contingent on horseback, and it was only during the Peloponnesian war that they began to conceive and understand the usefulness of all the other specialties of the light infantry (see the peltatists and archers) and the aforementioned cavalry. These corpses, placed in a more modern tactical context, excellently developed by Alexander the Great, one of the most formidable commanders in history, will allow to reach that great military success of the Hellenistic world: the Macedonian army, which thanks to the scientific ranks of its phalanx, will dominate, until the arrival of the Roman legions, a large part of the then known world.

PREFAZIONE

La Grecia era ed è tuttora una terra arida, dura ed impervia con poche risorse e poco spazio, tante montagne e poche pianure, tuttavia rimane la culla della civiltà occidentale, madre di filosofi e pensatori. É normale quindi che gli antichi greci cercassero fortuna fuori dalla Grecia fondando la cosiddetta magna Grecia in tutto il Mediterraneo, sempre mantenendo una infinita rivalità fra le città stato al suo interno. Per far tutto ciò divennero dei maghi nell'arte della guerra, arte che praticamente inventarono loro. La loro figura simbolica,
L'oplita (il soldato greco per eccellenza) era un cittadino-soldato. Armato della sua imponente panoplia (termine con cui si indica tutto il suo armamentario (lancia, grande scudo tondo ed elmo), l'oplita sarà il protagonista indiscusso dei conflitti ellenistici, e non solo per la sua abilità nei campi di battaglia montuosi e difficili come quelli della Grecia stessa. Il modo di combattere dei Greci deriva anche dalla loro mentalità: i loro miti parlano spesso di eroi che combattono corpo a corpo contro i loro avversari. Era quindi ritenuto disonorevole combattere con un sistema che non fosse corpo a corpo. La cavalleria e i corpi ausiliari come gli arcieri erano pure presenti, ma visti con sufficienza dagli opliti, signori della guerra!
Per di più i cavalli costavano, erano poco adatti alle montagne e avevano bisogno di una pianura per essere allevati ed addestrati. Per questo i macedoni, sfruttarono quest'arma facendo affidamento alle pianure della Tessaglia per i loro contingenti a cavallo.Solo durante la guerra del Peloponneso si iniziò a concepire e a capire l'utilità di tutte le altre specialità della fanteria leggera (vedi i peltasti e gli arcieri) e della citata cavalleria. Questi corpi, inseriti in un contesto tattico più moderno, ottimamente messo a punto da Alessandro Magno, uno dei più formidabili condottieri della storia, permetteranno di raggiungere quel grande successo militare del mondo ellenistico: l'esercito macedone, che grazie ai ranghi scientifici della sua falange, dominerà, fino all'arrivo delle legioni romane, buona parte del mondo allora conosciuto.

HOW TO ASSEMBLE YOUR PAPER ARMY AND YOUR DIORAMAS
COME MONTARE LA VOSTRA ARMATA DI CARTA E I VOSTRI DIORAMI

In order to create numerous armies, you can directly use our toy soldiers or, alternatively, photocopy them (only and exclusively for personal use, any other right is excluded). Our sheets have a size of 8x10 inches, (20.3 x 25.4 cm). Our toy soldiers are from 25 mm to 28 mm high. If you want to obtain toy soldiers on a different size from the one provided, you must either reduce them or, on the opposite, enlarge them in scale. We recommend using professional or service copiers that certainly offer better print quality. Our bases come in multiple sizes or fractions of 4 cm long by 2 cm wide (sometimes 1 cm, as with single artillerymen, bushes, accessories etc.). The average length of the cavalry is 8 cm, while for infantry it is 4, 8 or 12 cm. Command or flag sections come in 4 cm bases. The bases for war chariot are 4x6 cm.

We recommend using 80 or 100 grams of cardboard, not thicker otherwise you will have some difficulty when cutting, and that's the optimal weight once the glue dries. For what concerns the glue you have many possibilities, it just depends on your experiences, Vinylic, UHU or glue stick are always indicated. As you can see, our toy soldiers are printed on both sides. This is not a real front and back, as we have chosen to show soldiers moving from right to left or vice versa and rarely in front. However, the result is superb. Each group is generally divided by a thin line that indicates the exact position in which the paper should

Paper sheets - I fogli coi modelli

Per favorire la creazione di eserciti numerosi potete utilizzare direttamente i nostri soldatini o in alternativa fotocopiarli (esclusivamente per uso personale, ogni altro diritto è escluso). I nostri fogli sono nel formato 8x10 pollici (20,3 cm x 25,4 cm). I soldatini hanno un'altezza variabile da 25 mm a 28 mm. Se si vogliono ottenere soldatini in scala diversa da quella fornita basterà ridurli o ingrandirli in scala. Consigliamo di utilizzare fotocopiatrici professionali, o service, che certamente offrono una migliore qualità di stampa. Le basi sono hanno misure multiple di 4 cm di lunghezza per 2 cm di altezza (1 cm nel caso di soldati singoli, cespugli, accessori ecc.). La lunghezza media della cavalleria è 8 cm, mentre per la fanteria si usano 4, 8 o 12 cm. Per le sezioni comandante, la base è di 4 cm. Per i carri da guerra sono 4x6 cm.

I nostri kit di soldatini ed edifici sono generalmente facili da montare. Consigliamo di utilizzare cartoncini di 150/200 grammi per metro, non più spessi altrimenti sarà più complicato tagliare tutto quanto, e in ogni caso quel peso è l'ideale una volta asciugata la colla. Per quanto riguarda il collante avete molte possibilità, Vinavil, UHU o colle stick sempre pratiche. I nostri soldatini sono stampati su due lati. Tuttavia non si tratta di un vero e proprio fronte retro, dato che abbiamo scelto di mostrare soldati in movimento da destra a sinistra o viceversa e raramente di fronte. In ogni caso il risultato è comunque su-

be folded, perhaps with the help of a ruler, and then glued so to match the two parts, except the bases that should be folded 90 degrees outward. Once the glue is completely dry, weld the two semi-bases onto a heavier cardboard that gives the base its solidity.
If you want you can also glue some synthetic grass to the base for an even more realistic effect.
In this case we suggest to apply a thin layer of vinyl glue and pour the synthetic grass until it is welded, then blowing away the excess.
Once the whole thing is fixed, we must proceed to cut the "white" parts that surround the soldiers and their weapons or insignia.
Use scissors or cutters for this, depending on the part you have to work with. Also remember to pay attention to the formation of units, following the instructions given in the chapter of tactics or scenarios attached to the book.
Therefore, make a number of commanders, generals, command sections and insignia proportional to the formation, squadrons or infantry phalanx of which your army is formed.

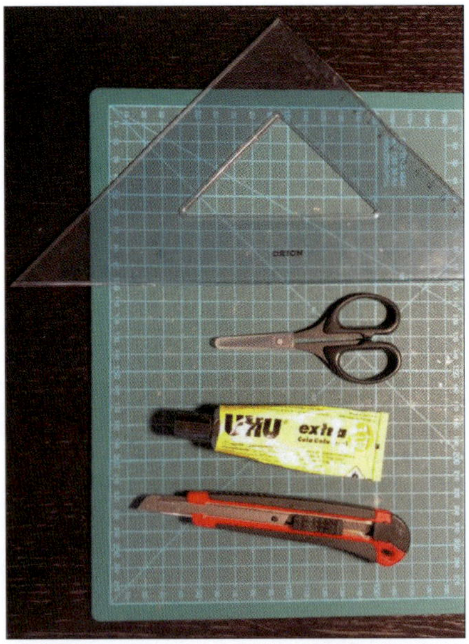

Tools & glue - Attrezzi e colla

perbo. Ogni gruppo è generalmente diviso da una sottile linea che indica la esatta posizione in cui la carta va piegata, magari aiutandosi con un righello, e poi incollata in modo da far combaciare le due parti, ad eccezione delle basi che invece vanno piegate di 90 gradi verso l'esterno. Una volta secca la colla saldiamo le due semi basi su un cartoncino più pesante per conferire solidità alla base. Volendo potremmo anche incollare dell'erba sintetica da modellismo alla base per un effetto ancora più realistico. In questo caso suggeriamo di stendere un leggero velo di colla vinilica e versare a pioggia l'erba sintetica finche si salda, soffiando poi via l'eccesso. Una volta saldato il tutto si procederà a tagliare le parti "bianche" che circondano i soldatini e le loro armi o le loro insegne. Utilizzate per questo forbici o cutter a seconda della pratica che avrete sviluppato. Ricordate anche di prestare attenzione alla formazione delle unità, seguendo le indicazioni fornite nel capitolo delle tattiche o degli scenari allegati nel libro. Pertanto realizzate un numero di comandanti, generali, sezioni comando e bandiere proporzionale ai plotoni, squadroni o falangi in cui è formato il vostro esercito.

Build trees & accessories for dioramas

The process is quite simple. It is better to use slightly thicker cards in this case, avoiding vinyl glues that with their watery base would make the assembly a bit complicated. Given the almost total presence of straight lines, the buildings should be cut with ruler and cutter. We always suggest to use new blades and to cut the lines several times, considering the thickness of the cardboard. Once the walls and perimeters have been cut, proceed to fold all the white tabs 90°. Once obtained the corners you will then proceed to fix the various parts to the white tabs. The diagrams provided in the various pages will certainly help you to understand how to proceed in the assembly. Once the structure is assembled, add all the details such as windows, doors, recesses, etc... Finally, to make the building balance, draw wider base. You can colour the visible part of this base in ground colour and the building is ready. For trees and vegetation proceed in the usual way of toy soldiers and bushes in 2D. Otherwise you can use the same design several times to create trees on three or even four faces in perfect 3D style!

Costruire edifici, alberi e accessori per i diorami

È meglio utilizzare in questo caso cartoncini leggermente più spessi, evitando colle viniliche che con la loro base acquosa renderebbero il montaggio un po' complicato. Vista la pressoché totale presenza di linee dritte, gli edifici vanno ritagliati con righello e cutter. Consiglio di usare sempre lame nuove e di incidere più volte le linee, visto lo spessore del cartoncino. Una volta tagliate le pareti e i perimetri, procediamo alla piega di tutte le linguette bianche di 90 gradi. Ottenuti gli angoli andranno fissate le varie parti alle linguette bianche. Gli schemi forniti nelle varie pagine vi aiuteranno senz'altro a comprendere come procedere nell'assemblaggio. Una volta montata la struttura aggiungete tutti i particolari come finestre, porte, abbaini e rientranze. Infine, per stabilizzare il tutto, disegnate una base dalla larghezza appena superiore a quella dell'edificio. Potrete colorare la parte visibile di questa base in color terra e l'edificio sarà pronto. Per alberi e vegetazioni procedete nella solita maniera dei soldatini bidimensionali. Altrimenti poterete usare più volte lo stesso disegno per creare alberi su tre o anche quattro facce in perfetto stile 3D!

FROM TROJAN WAR TO ALEXANDER THE GREAT
DALLA GUERRA DI TROIA AD ALESSANDRO IL GRANDE

The Trojan War (1250 B.C.)

According to established tradition, the Trojan War was fought between the Achaeans (Greeks) and the city of Troy, which can be found in present-day Turkey. The conflict probably took place either from 1250 or 1194. The Trojan War is the best known in the western world because it was narrated by Homer in his two most important works: the Iliad and the Odyssey. The conflict lasted ten years, with very heavy losses from both sides. Among the most illustrious victims was Achilles, the greatest Greek warrior, son of King Peleus and the nymph Thetis, killed by an arrow drawn by Paris to avenge the death of his brother, the Trojan Hector, who perished in a duel against Achilles and then dragged by the chariot of the victor. Troy finally fell thanks to Ulysses' cunning plan to introduce the epic wooden horse into the city, which resolved the outcome of the conflict. The question of the historical truthfulness of the events of the Trojan war is still under study. Some people think that there is a kernel of truth behind Homer's poems, and that the poet wanted to group them into a single conflict, the one between Greeks and Trojans, and other conflicts that occurred during the period of Mycenaean civilisation.

The Greek Persian Wars (499-479 B.C.)

The Persian Wars were fought between the alliance of Greek cities and the Persian Empire.

The first Persian War broke out when the Greek colonies on the eastern coast of the Aegean Sea, including Miletus, rebelled against the Persian Empire. They asked the

La guerra di Troia (1250 a.C.)

Secondo la tradizione consolidata la guerra di Troia fu combattuta tra gli Achei (Greci) e la città di Troia, collocabile nell'odierna Turchia. Il conflitto si svolse probabilmente o dal 1250 o dal 1194.

La guerra di Troia è la più conosciuta del mondo occidentale perché narrata da Omero nelle sue due opere più importanti: l'Iliade e l'Odissea Il conflitto durò dieci anni, con gravissime perdite da entrambi gli schieramenti. Fra le vittime più illustri vi fu Achille, il più grande guerriero greco, figlio del re Peleo e della ninfa Teti, ucciso da una freccia tirata da Paride per vendicare la morte del fratello il troiano Ettore perito in duello contro Achille e poi trascinato dalla biga del vincitore. Troia infine cadde grazie all'astuto piano di Ulisse di introdurre all'interno della città l'epico cavallo di legno, che risolse l'esito del conflitto.

È ancora oggetto di studi la questione della veridicità storica degli avvenimenti della guerra di Troia. Alcuni pensano che vi sia un fondo di verità dietro i poemi di Omero, e che il poeta abbia voluto raggruppare in un unico conflitto, quello fra Greci e Troiani, e altri conflitti avvenuti nel periodo della civiltà micenea.

Le guerre greco persiane (499-479 a.C.)

Le Guerre persiane furono combattute tra l'alleanza delle città greche e l'Impero persiano.

La prima guerra persiana scoppiò quando le colonie greche che sorgevano sulle coste orientali del mar Egeo, tra cui Mileto, si ribellarono al dominio dell'Impero persiano. Chiesero aiuto ai Greci del continente ma solo Atene ed

Greeks on the continent for help, but only Athens and Eretria intervened with their own forces and came to their aid. The Persians, however, defeated the rebels; Darius I, king of Persia, then turned against Athens and Eretria to make them pay for the insurrection as they had collaborated in the rebellion. Eretria was destroyed, while the Athenians, led by Milziade, triumphed over the Persians at Marathon (490 B.C.), one of the most important battles of the ancient era, a true tactical masterpiece of the Athenians. When King Darius died, his son Xerxes, anxious to avenge the shame suffered by his father during the first war against the Greeks, began preparations for a new expedition. Faced with the danger of a new Persian attack, the Athenians strengthened their military power. The year before, the cities of the Peloponnese, including Sparta, also joined the League. Themistocles fortified the port of Piraeus and had a new fleet built; Athens and Sparta reconfirmed their alliance and, with 29 other city-states (polis), formed the Pan-Hellenic League (480 BC). The command of the land army was entrusted to the Spartan Leonidas. The Spartans outnumbered the Persians in the mythical and epic battle of Thermopylae (480 B.C.) and were defeated. This fact, however, allowed the Greeks and their Greek fleet to triumph at Cape Artemisio, Salamina, Platea and Micale (479 B.C.). Probably this conflict did not have the same centrality for the Persians as it did for the Greeks, who won it also thanks to the fact that they fought at home and to the actual military superiority of their city troops over the mercenary troops hired by the Persian king.

Eretria intervennero con le proprie forze e mossero in loro soccorso. I Persiani però sconfissero i rivoltosi; Dario I, re di Persia, di conseguenza si rivolse poi contro Atene ed Eretria, per far pagare loro l'affronto dato che avevano collaborato all'insurrezione. Eretria venne distrutta, mentre gli Ateniesi, guidati da Milziade, trionfarono sui Persiani a Maratona (490 a.C.) Una delle più importanti battaglie dell'era antica, vero capolavoro tattico degli ateniesi.
Alla morte di re Dario, il figlio Serse desideroso di vendicare l'onta subita dal padre nel corso della prima guerra contro i greci iniziò i preparativi per una nuova spedizione. Di fronte al pericolo di un nuovo attacco persiano, gli Ateniesi rafforzarono la potenza militare. L'anno prima nella lega entrarono anche le città del Peloponneso fra cui Sparta. Temistocle fortificò il porto del Pireo e fece costruire una nuova flotta; Atene e Sparta riconfermarono la loro alleanza e, con altre 29 città stato (polis), costituirono la Lega panellenica (480 a.C.). Il comando dell'esercito di terra fu affidato allo spartano Leonida. Gli Spartani in enorme inferiorità numerica affrontarono i Persiani nella mitica ed epica battaglia delle Termopili (480 a.C.) e vennero sconfitti. Questo fatto però permise ai greci e alla Loro flotta greca di trionfare invece a Capo Artemisio, a Salamina, a Platea e a Micale (479 a.C.). Probabilmente questo conflitto non ebbe per i Persiani la stessa centralità che per i Greci, i quali lo vinsero anche grazie al fatto di combattere in casa e all'effettiva superiorità militare dello loro truppe cittadine, rispetto a quelle mercenarie assoldate dal re persiano.

▲ The naval battle of Salamina by Wilhelm von Kaulbach.

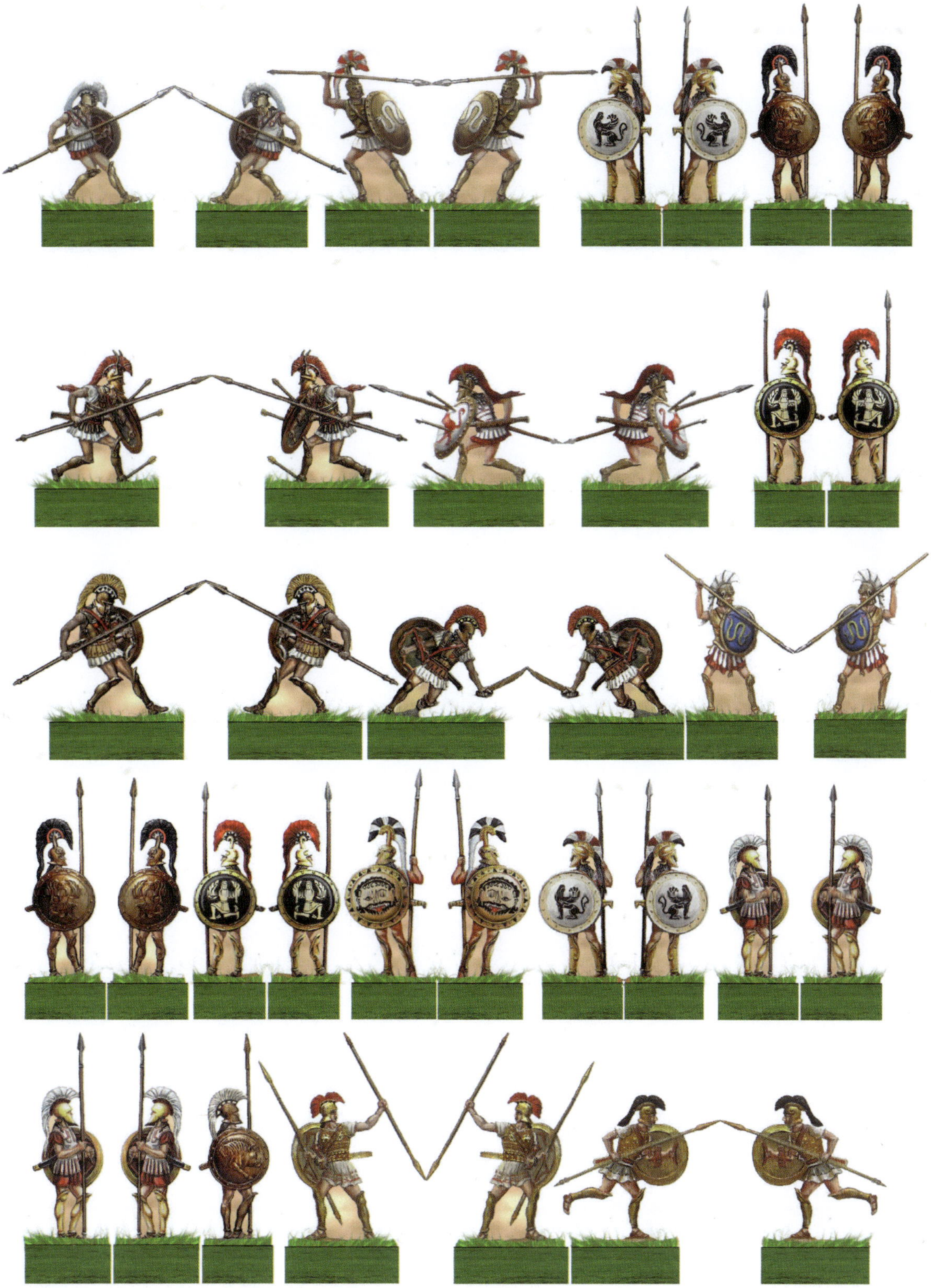

Peloponnese Wars (460-404 B.C.)

The first Peloponnesian War (460 BC - 445 BC) was fought between Sparta, the Peloponnesian League and Thebes, against the League of Delos led by Athens with the support of Argos. The conflict consisted of a series of minor clashes, such as the Second Holy War or the Megara revolt, and had its origin mainly in Sparta's fear of increased Athenian power. At the beginning the war smiled on the Athenians, better prepared and endowed with overwhelming naval superiority until, in 457 B.C., the Athenian army suffered a crushing defeat at the Battle of Tanagra. Athens, however, made up for it soon after the victory of Enophita, which allowed it to conquer all of Boeotia, except Thebes. Afterwards, the campaign in the Peloponnese occurred, and was devastating. At this point the Athenians decided to open a second front against the Persians, but this resulted in a defeat in which they lost all their Contingent. The defeat led Athens to sign a ceasefire with Sparta lasting five years, followed by the reopening

Guerre del Peloponneso (460-404 a.C.)

La prima guerra del Peloponneso (460 a.C. - 445 a.C.) fu combattuta tra Sparta, la Lega del Peloponneso e Tebe, contro la Lega di Delo guidata da Atene con il supporto di Argo. Il conflitto consistette in una serie di scontri minori, come la Seconda guerra sacra o la rivolta di Megara ed ebbe come origine principalmente il timore, da parte di Sparta, dell'accresciuta potenza ateniese. All'inizio la guerra sorrise agli Ateniesi, meglio preparati e dotati di una schiacciante superiorità navale fino a quando, nel 457 a.C., L'esercito ateniese, subì una cocente sconfitta alla battaglia di Tanagra. Atene però si rifece subito ottenendo poco dopo la vittoria di Enofita che gli permise di conquistare tutta la Beozia, tranne Tebe. Seguì la campagna nel Peloponneso che venne devastato. A questo punto gli Ateniesi decisero di aprire un secondo fronte contro i persiani che si risolse però in una disfatta in cui persero tutto il loro Contingente. La sconfitta indusse Atene a firmare una tregua con Sparta della durata di cinque anni cui fece

▲ The disaster of the fleet of Athens at Siracuse during the Peloponnesian War.

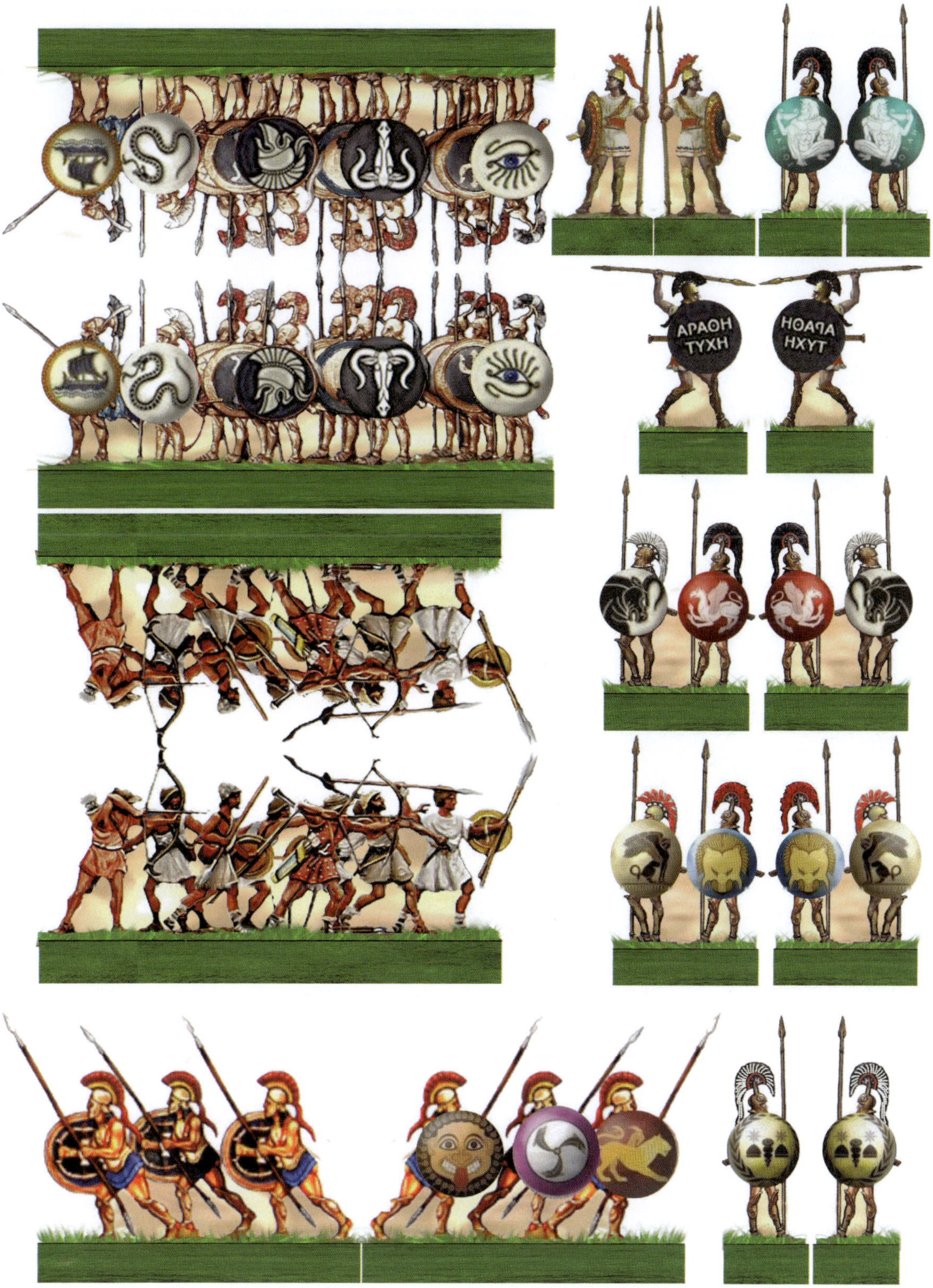

of hostilities that led the Athenian army in Boeotia to defeat at the Battle of Coronea.
The conflict ended with a truce between Sparta and Athens, later ratified with the Peace of Thirty Years (winter of 446-445 B.C.) which basically confirmed the precarious balance between the two powers.
The Second Peloponnesian War was fought from 431 to 404 B.C. by the Peloponnesian League, gathered around Sparta, and led by Athens. It was the bloodiest and most important conflict ever between Greek peoples.
As always the main cause of the conflict was the will of the Athenians, led by Pericles, to assert their hegemony over the Greeks. This was unacceptable to Sparta who accused Athens of violating the peace stipulated in 446. The war was divided into three phases: in the first, called the Archidamic phase, Sparta, the strongest on land, carried out continuous raids against Attica, while Athens used its powerful fleet to strike the Peloponnese coast. This first phase ended in 421 B.C. with the signing of the Peace of Nicias. The peace lasted for a short time and the second phase was characterised by the clashes that took place in Magna Graecia, especially in Sicily in 415 B.C. The Athenian expedition to Sicily dates back to 415 B.C., where the Athenians suffered the almost total destruction of their

seguito la riapertura delle ostilità che condusse l'esercito ateniese in beozia alla disfatta nella Battaglia di Coronea.
Il conflitto si concluse con una tregua tra Sparta e Atene, poi ratificata con la Pace dei Trent'anni (inverno del 446-445 a.C.) che sostanzialmente confermava l'equilibrio, precario, tra le due potenze.
La seconda guerra del Peloponneso fu combattuta dal 431 al 404 a.C. dalla lega peloponnesiaca, raccolta intorno a Sparta, e dalla guidata da Atene. Fu il conflitto più sanguinoso e più importante mai verificatosi fra popoli greci.
Come sempre la causa principale del conflitto fu la volontà degli ateniesi, guidati da Pericle, di affermare la propria egemonia sui greci. Ciò era inaccettabile per Sparta che accusò Atene di aver violato la pace stipulata nel 446 e le mosse guerra. La guerra fu divisa in tre fasi: nella prima, detta fase Archidamica, Sparta più forte sulla terraferma, effettuò continue incursioni contro l'Attica, mentre Atene utilizzava la propria potente flotta per colpire le coste del Peloponneso. Questo prima fase si concluse nel 421 a.C. con la firma della pace di Nicia.
La pace durò poco e la seconda fase fu caratterizzata dagli scontri avvenuti nella Magna Grecia, soprattutto in Sicilia al 415 a.C. risale infatti la spedizione ateniese in Sicilia, dove gli ateniesi subirono la distruzione quasi totale della

▲ Detail of a corinthian vase about Peloponnesian War.

ΑΓΑΘΗ

▲ Alexander the Great and Darius of Persia at the battle of Isso. Mosaic of National Archaeological Museum, Naples

fleet, so much that they reactivated the conflict with sparta that contested their hegemony. In 413 B.C. the third phase called Deceleica began, characterized by the Spartan intention to blow on the fire of the rebellion among the forces subjected to Athens; the Persian help to the Spartan cause and several strategic errors on the part of Athens, led in 404 B.C. to the victory of the Peloponnesian League, after the naval battle of Egospotami.

The Peloponnesian war changed the image of ancient Greece: Athens, which had seen its power grow enormously since the Persian wars, was eventually destroyed by the clash with Sparta and had to recognise the hegemony of the Peloponnese. The whole of Greece, however, suffered seriously from the bloody conflict. For this reason, the conflict is considered to be the final event of the golden century of Hellenic civilisation.

The Macedonian-Persian Wars (334- 323 B.C.)

In the spring of 334 B.C. Alexander the Great passed the Hellespont at the head of a great army destined to conquer Persia. According to updated historical sources his army at his departure amounted to: an infantry of about 48,000 units, 6,000 knights and a fleet of 120 triremes. We know for certain, in any case, that the soldiers came largely from the army of the Kingdom of Macedonia, but there were also strong Greek contingents from all the cities that were part of the League of Corinth.

Having arrived undisturbed on the coasts of Asia Minor,

loro flotta, tanto da riattizzare il conflitto con sparta che gli contendeva l'egemonia. Nel 413 a.C. ebbe inizio la terza fase detta Deceleica, caratterizzata dall'intenzione spartana di soffiare sul fuoco della ribellione tra le forze sottoposte ad Atene; l'aiuto persiano alla causa spartana e diversi errori strategici da parte di Atene, portarono nel 404 a.C. alla vittoria della Lega peloponnesiaca, dopo la battaglia navale di Egospotami.

La guerra del Peloponneso cambiò il volto della Grecia antica: Atene, che dalle guerre persiane aveva visto crescere enormemente il proprio potere, finì distrutta dallo scontro con Sparta e dovette riconoscere l'egemonia del Peloponneso. Tutta la Grecia comunque risentì pesantemente del sanguinoso conflitto. Per questo motivo, il conflitto viene considerato come evento finale del secolo d'oro della civiltà ellenica.

Le guerre macedoni-persiane (334- 323 a.C.)

Nella primavera del 334 a.C. Alessandro Magno, passò l'Ellesponto alla guida di un grande esercito destinato alla conquista della Persia. Secondo fonti storiche aggiornate il suo esercito alla partenza ammonta a: una fanteria di circa 48.000 unità, 6.000 cavalieri e una flotta di 120 triremi. Sappiamo per certo, in ogni caso, che i soldati provenivano in gran parte dall'esercito del Regno di Macedonia, ma vi erano anche forti contingenti greci provenienti da tutte le città che facevano parte della Lega di Corinto.

Giunto indisturbato sulle coste dell'Asia minore, Alessan-

The mermeides - Le sirene

Polyphemus - Polifemo

Alexander made clear his intention to conquer the entire Empire of Persia with a gesture of sure effect: he threw his spear and let it stick in the ground, in the land of Asia. The first bloody clash took place near the Granico river, near the site of ancient Troy. Alexander's tactic was clear: he opened some holes in the enemy infantry, then left room for the cavalry to break up the Persian army, thus allowing the Macedonian phalanx to charge with the sarissas and end the battle. The victory was overwhelming, and the Persian army suffered tremendous losses, while the Macedonians counted only a hundred deaths.

Seeing the Macedonians rampant, Darius III headed with the army to Isso. Here, Alexander again brought back a great victory. This allowed him to occupy Phoenicia, Syria and even Egypt where he founded the city that bears his name.

On 1st October 331 B.C. Alexander finally settled the score with Darius in the resounding victory of Gaugamela also known as the Battle of Arbela, located near today's city of Mosul in Iraq. Heavily outnumbered, Alexander came out victorious thanks to his superior tactics and a better trained army. It was a decisive victory for the Hellenic alliance and led to the fall of the Achaemenid Empire.

Alexander, after subduing the Persians, went as far as India and even beyond the borders of present-day Chinese Xinjiang. Finally in the spring of 326 BC. Alexander marched to Indus which he reached in the summer of 326 BC. Here in yet another battle he defeated the Indian king Poro on the river Idaspe, in a hard and bloody battle in which he also fought elephants for the first time.

dro rese palese la sua intenzione di conquistare l'intero Impero di Persia con un gesto di sicuro effetto: gettò la propria lancia e la lasciò conficcarsi nel suolo, nella terra d'Asia. Il primo cruento scontro ebbe luogo presso il fiume Granico, nei pressi del sito dell'antica Troia. La tattica di Alessandro era chiara: aprire dei varchi nella fanteria nemica, lasciando poi spazio alla cavalleria per spezzare l'esercito persiano e permettendo così alla falange macedone di caricare con le sarisse e porre fine alla battaglia.

La vittoria fu schiacciante, e l'esercito persiano subì perdite tremende, mentre i macedoni contarono appena un centinaio di morti. Vedendo i Macedoni dilagare, Dario III si dirige con l'esercito a Isso. Qui Alessandro da battaglia riportando nuovamente una grande vittoria. Ciò gli permise di occupare anche la Fenicia, la Siria e anche l'Egitto dove fonda la città che porta il suo nome.

Il 1° Ottobre del 331 a.C. Alessandro regola definitivamente i conti con Dario nella strepitosa vittoria di Gaugamela conosciuta anche come battaglia di Arbela, sita nei pressi della odierna città di Mosul in Iraq. In pesantissima inferiorità numerica, Alessandro uscì vittorioso grazie alle sue superiori tattiche e a un esercito meglio addestrato. Fu una vittoria decisiva per l'alleanza ellenica e portò alla caduta dell'impero achemenide.

Alessandro, dopo aver assoggettato i persiani si spinse fino in India e anche oltre ai confini dell'odierno Xinjiang cinese. Infine nella primavera del 326 a.C. Alessandro marciò verso l'Indo che raggiunse nell'estate del 326 a.C. Qui nell'ennesima battaglia sconfisse sul fiume Idaspe il re indiano Poro, in una battaglia dura e sanguinosa in cui si scontrò per la prima volta anche contro gli elefanti.

▲Macedonian phalanx. Wargame scale models.

Horse of Troy
Cavallo di troia

War chariots - Carri da guerra

GAME RULES FOR ANCIENT GREEK WARS
REGOLE DI GIOCO PER LE BATTAGLIE DELL'ANTICA GRECIA

The soldiers
Those provided in our book are in a 25/28 mm (1/72) scale. You can play wargames with soldiers of different sizes. The choice depends on the player's preferences: the bigger the miniature, more details are required.
The scales usually used for wargame are: 15 mm, 20 mm and 25/28 mm. Acting on the scale of the copier you can easily set the figures in the other sizes of 20 mm or 15 mm. The soldiers are placed on bases of 4, 8 or 12 cm. In some cases they are on a base of 2 cm while rarely they stay on a base of 6 cm.
If you choose different measures, make sure to calculate the size indicated in the rules accordingly. Each 8 cm cavalry base includes 4 to 6 units (warrior).
The command base includes 1 or 2 units. Each 12 cm long infantry base counts from 12 to 25 units.
The infantry base generally has 4 units. Commanders count one unit.

The Armies
Nore for Greek, Macedonian and Persian armies. Skirmishers were in single rank lines (3-6 stands) The formed infantry were in double rank lines (6-10 stands). Persians with large rectangular shields and the Immortals were classified as heavy infantry. The warriors holding bows, slings, or javelins were treated as skirmishers, all the rest were regular infantry. The cavalry was heavy or light type. Other specialties are war chariots or chariots and the war elephants.

Sequence of Play:
1. Greeks/Macedonian Move
2. Greeks/Macedonian Shoot
3. Persians/Greeks/Macedonian Move
4. Persians/Greeks/Macedonian Shoot
5. Charge into Melee
6. Melee (Touching Bases fight, casualties are inflicted simultaneously by both sides)

Movement
All infantry and Hoplite units move 6" and are limited to wheels and obliques of up to 45 degrees per turn. Skirmishers move 8" and may move in any direction. Heavy cavalry, War chariots and Commanders move 12" in every direction, this last (The commanders) unless attached to an Infantry or Hoplite unit. The light cavalry moves by 14", and the elephants by 8". A unit can not move closer than 1" from the enemy except during charges.

I soldatini
Quelli forniti nel nostro libro sono nella scala in 25/28mm (1/72). A wargame si può giocare con soldatini di diverse dimensioni. La scelta, ovviamente, dipende dai gusti del giocatore: più la miniatura è grande e maggiori sono i dettagli richiesti. Le scale solitamente usate per il wargame sono: il 15mm, il 20mm, il 25/28mm. Agendo sulla scala della fotocopiatrice potrete facilmente quindi scalare le figura anche nelle altre misure di 20 o 15mm. I soldatini sono posti su basi di 4, 8 o 12 cm. In alcuni casi sono su base di 2 in altri rari casi su basi di 6 cm. Nel caso scegliate misure diverse, calcolate le misure indicate nelle regole di conseguenza. Ogni base di cavalleria 8 cm conta da 4 a 6 unità (soldatini). La base comando 1 o due unità. Ogni base di fanteria lunga 12cm conta da 12 a 25 unità. la base comando di fanteria generalmente su 4 unità. Comandanti contano una unità.

Gli eserciti
Note per gli eserciti greco, macedone e persiano. Gli schermagliatori (arcieri e lanciatori di giavellotti) vanno sistemati in linee a rango singolo (3-6 basi). La fanteria regolare su linee a doppio rango (6-10 basi). I persiani con grandi scudi rettangolari e gli immortali sono classificati come fanteria pesante. I guerrieri che impugnavano archi, fionde o giavellotti sono tutti considerati schermagliatori, tutto il resto era fanteria regolare. La cavalleria era del tipo pesante e leggera. Altre specialità sono i carri da guerra o le bighe e gli elefanti.

Sequenza di gioco
1. I Greci/macedoni si muovono
2. Greci/macedoni scagliano (lance frecce ecc)
3. I persiani/greci/macedoni si muovono
4. Persiani /greci/macedoni scagliano (lance frecce ecc)
5. Carica in mischia
6. Mischia (combattimento delle basi a contatto, le vittime vengono inflitte simultaneamente da entrambe le parti)

Movimento
Tutte le unità di fanteria e opliti si muovono di 15cm e sono limitate a rotazioni fino a 45 gradi per turno. Gli schermagliatori si muovono di 20cm e possono muoversi in qualsiasi direzione. La cavalleria pesante, i carri da guerra e i comandanti si muovono di 30 cm in ogni direzione (per i comandanti che non siano assegnati a un'unità di fanteria o oplita in questo caso si muovono come l'unità). La cavalleria leggera muove di 35 cm, e gli elefanti di 20cm. Un'unità non può avvicinarsi a meno di 2,5 cm dal nemico eccetto durante le cariche.

Greek war ship for Troyan wars or Odissey history 1250 b.C
Nave da guerra greca per la Guerra di Troia o per l'Odissea 1250 a.C.

Shooting

Skirmishers are allowed to shoot, as long as the target is within 8" and neither the shooting unit nor the target unit is touching any enemy, Roll 1D6 for each base that shoots. Every 6 rolled is a hit and one base is removed from the targeted unit. Units that are engaged in melee may not fire, and may not be targeted. Skirmishers in melee may no fire weapons of any type.
You cannot shoot at a commander, a skirmisher, or light cavalry.

Charge into Melee

Both sides may charge into melee. This is the only way to get into hand-to-hand fighting. Units may charge up to 6", but may only move if they can reach an enemy unit.

Melee

Each side rolls 1D6 for each stand in the fight. The Close Combat table shows the number needed to score hits. Remove one enemy stand for every hit. Both sides roll simultaneously. If both units still have stands left they remain engaged and fight again next turn.
If a unit is reduced to one stand this last stand is removed immediately.

Generals

Generals may not be targeted individually. If they are attached to a unit they count as an extra stand in melee (but not shooting). If the unit they are attached to loses stands in melee roll 1D6. If the roll is a 6 then the General is eliminated.

Bibliography and web sources:

-Peter Green, The Greco-Persian Wars, University of California Press, 1996.
-Tom Holland, Persian Fire: The First World Empire and the Battle for the West, Abacus, 2006,
-J.F. Lazenby, The Defence of Greece 490-479 BC, Aris & Phillips Ltd, 1993.
-Nigel Bagnall, The Peloponnesian War: Athens, Sparta and the Struggle for Greece, London, Pimlico, 2004,
-Cinzia Bearzot, Manuale di Storia Greca, Bologna, Il Mulino, 2005,
-George Cawkwell, Thucydides and the Peloponnesian War, Londra, Routledge, 1997.

- https://www.youtube.com/watch?v=WwiDT8Nvj9E Armies and Tactics: Greek Armies during the Persian Invasions.
- https://www.youtube.com/watch?v=uYYuM9wooPsThe battle of Maratona (in Italian)

Tiro

Gli schermagliatori possono sparare, a condizione che il bersaglio si trovi possono sparare, a condizione che il bersaglio si trovi entro 20cm e né l'unità che tira né l'unità bersaglio siano impegnate in mischia col nemico. Tira 1 dado da 6 per ogni supporto nel raggio d'azione. Ogni 6 è un colpo andato a segno e ti permette di rimuovere un nemico. Gli schermagliatori in mischia non possono tirare frecce, giavellotti ecc. Non puoi tirare a un comandante, a uno schermagliatore o alla cavalleria leggera.

Carica in mischia

Entrambe le parti possono caricare in mischia. Questo è l'unico modo per entrare nel combattimento corpo a corpo. Le unità possono caricare se in un raggio fino a 15cm, ma possono muovere solo se possono raggiungere un'unità nemica.

Mischia

Ciascuna parte tira un dado da sei per ogni base nel combattimento. La tabella del combattimento in mischia mostra il numero necessario per segnare i colpi utili. Rimuovi un supporto nemico per ogni colpo. Entrambi gli eserciti tirano i dadi simultaneamente. Se entrambe le unità conservano ancora delle postazioni dopo lo scontro, queste rimangono ingaggiate e combattono ancora nel turno successivo. Se un'unità viene ridotta ad una sola, quest'ultima viene rimossa immediatamente.

Generali

I generali non possono essere scelti come target individualmente. Se sono assegnati a un'unità, contano come una base extra in mischia. Se l'unità a cui sono assegnate perde qualche base in mischia, tira 1dado da 6. Se il risultato è un 6, il generale viene eliminato.

Bibliografia e risorse web:

-Peter Green, The Greco-Persian Wars, University of California Press, 1996.
-Tom Holland, Persian Fire: The First World Empire and the Battle for the West, Abacus, 2006,
-J.F. Lazenby, The Defence of Greece 490-479 BC, Aris & Phillips Ltd, 1993.
-Nigel Bagnall, The Peloponnesian War: Athens, Sparta and the Struggle for Greece, London, Pimlico, 2004,
-Cinzia Bearzot, Manuale di Storia Greca, Bologna, Il Mulino, 2005,
-George Cawkwell, Thucydides and the Peloponnesian War, Londra, Routledge, 1997.

- https://www.youtube.com/watch?v=WwiDT8Nvj9E Armies and Tactics: Greek Armies during the Persian Invasions.
- https://www.youtube.com/watch?v=uYYuM9wooPs La battaglia di Maratona (in Italiano by A.Barbero)

Dario's war chariot
Carro da guerra di Dario

Macedonian's cavalry
Cavalleria macedone

Macedonian's phalanx soldier
soldati delle falangi macedoni

WARGAME TABLES

Movements overview	
Unit	**Movement**
Heavy Cavalry, War chariots, and Commanders (alone)	30 cm (12")
Light cavalry	35 cm (14")
Infantry	15 cm (6")
Skirmishers and War elephants	20 cm (8")

Shooting range overview			
Unit	**Range**	**Dice per Stand**	**To Hit**
Skirmishers bow	Just to 20 cm (8")	1	6
Skirmishers Javelin or sling	Just to 10 cm (4")	1	6
Generals,skirmisher, or light cavalry. may not be targeted individually			
To kill an elephant you have to roll at least 10 with two dice (with the shot of at least 2 skirmishers stand or more)			

Melee overview (Close Combat)		
Unit	**Dice per Stand**	**To hit**
Greek Infantry & Persian heavy infantry	1	5-6
Persian immortals & Macedonians in phalanx & Spartan hoplites	1	4-6
Persian infantry & Trojans infantry	1	6
Skirmishers	1	6
Any (infantry formations) versus skirmishers	1	4-6
Elephant & war chariot (only first melee turn)	1	3-6
Cavalry (only first melee turn)	1	4-6

TABELLE WARGAME

Tabelle movimento	
Unità	**Movimento**
Cavalleria pesante, carri da guerra e comndanti (soli)	30 cm (12")
Cavalleria leggera	35 cm (14")
Fanteria	15 cm (6")
Skirmishers ed elefanti da guerra	20 cm (8")

Raggio lancio frecce e giavellotti			
Unità	**Raggio**	**Dadi per base**	**Successo con**
Skirmishers con arco	Just to 20 cm (8")	1	6
Skirmishers con giavellotto o fionda	Just to 10 cm (4")	1	6
Generali, skirmisher, o cavalleria leggera non possono venire bersagliati.			
Per uccidere un elefante dovete totalizzare almeno un 10 con due dadi (col contributo di almeno due bas o più)			

Tabella mischia (valore unità)		
Unità	**Dadi per base**	**Successo con**
Fanteria greca, fanteria pesante persiana	1	5-6
Immortali persiani, Opliti spartani e macedoni in falange	1	4-6
Fanteria persiana o troiana	1	6
Skirmishers	1	6
Qualsiasi fanteria contro gli skirmishers	1	4-6
Elefanti e carri da guerra (solo al primo turno di carica/mischia)	1	3-6
Cavalleria (solo al primo turno di carica/mischia)	1	4-6

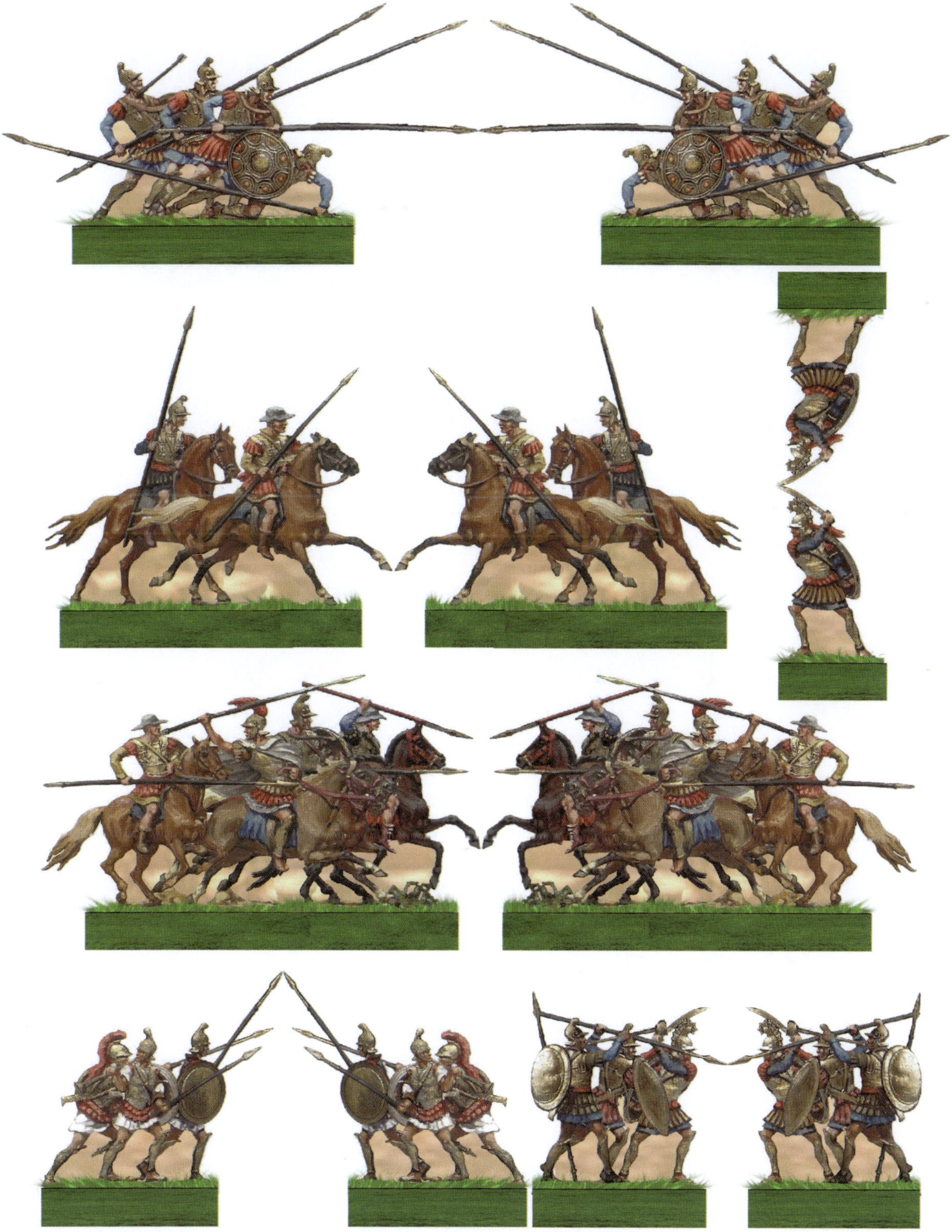

NOBILE SPARTANO
IV SEC AC
Durand

OPLITA GRECO
IV SEC. A.C

OPLITA MACEDONE
400 A.C.
Durand

ALESSANDRO IL GRANDE
IN TENUTA DA PARATA
332 A.C.
Durand

NOBILE SPARTANO
IV SEC AC
Durand

OPLITA GRECO
IV SEC. A.C

OPLITA MACEDONE
400 A.C.
Durand

ALESSANDRO IL GRANDE
IN TENUTA DA PARATA
332 A.C.
Durand

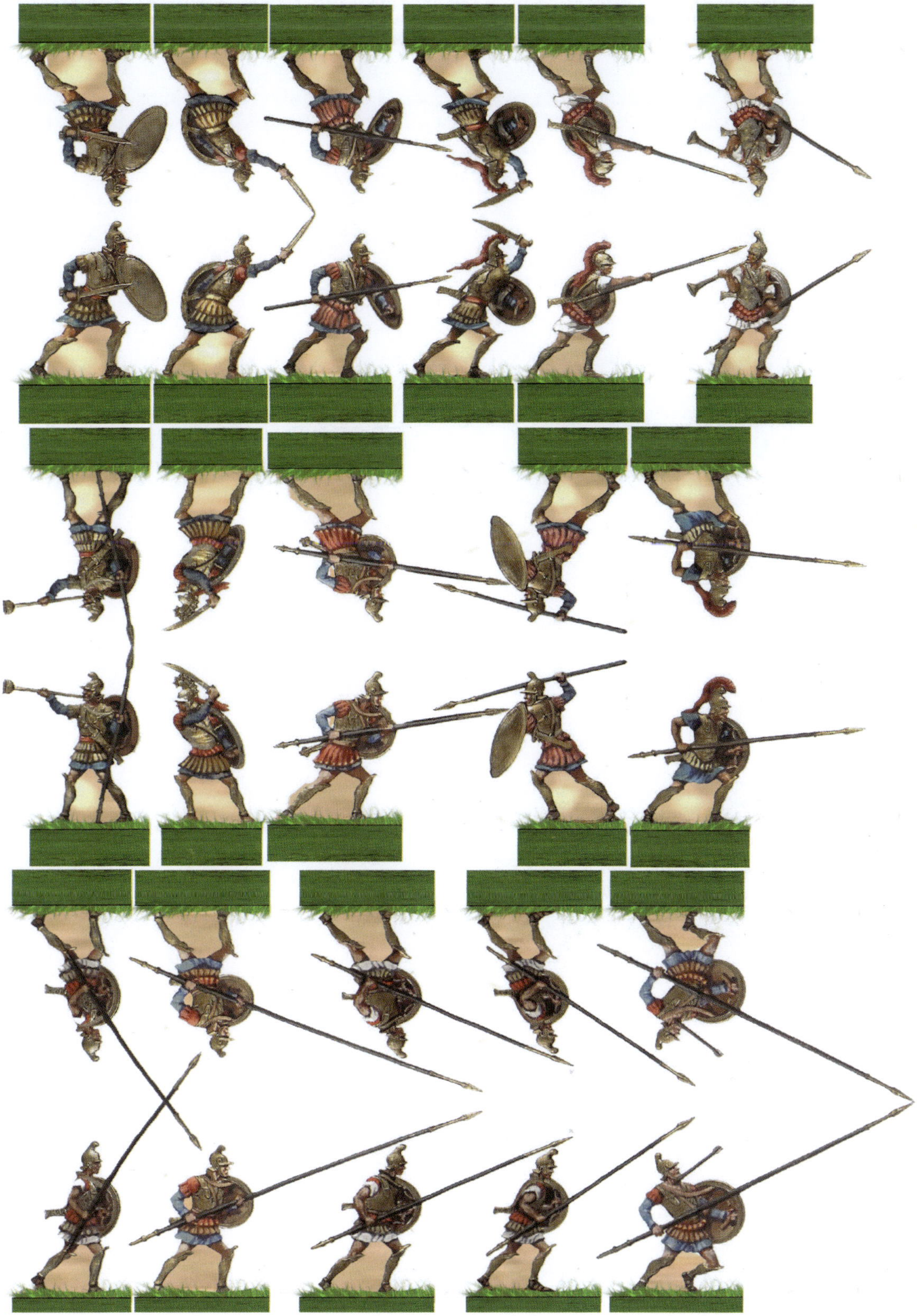

THE ARMY OF ANCIENT GREEK, PERSIA & MACEDONIA

GLI ESERCITI DELL'ANTICA GRECIA, PERSIA E MACEDONIA

THE GREEK ARMY

The Greek army was the military force of all Greek cities (Polis). All citizens, in good physical shape between the ages of 18 and 60, had to be available for military service. In order to keep the soldiers efficient, constant physical activity was necessary. Exercises consisted of keeping in good physical shape, throwing javelins, practising fighting, running with full armour on, practising long marches under the sun. Among the various Greeks, the most feared soldier was the Spartan. Sparta's hoplite was esteemed for his ethics and moral rigour. In Sparta's greatest period of splendour, it was said that "a Spartan soldier was worth many more men than any other army", as was proved in the battle of Thermopylae in which 300 Spartans led by their King Leonidas held out against thousands of Persians for a long time.

The Greek army was based on infantry, and fought

L'ESERCITO GRECO

L'esercito greco era la forza militare di tutte le città greche (Polis). Tutti i cittadini, in buona forma fisica tra i 18 ei 60 anni, dovevano essere reperibili per il servizio militare. Per mantenere i soldati efficienti era necessaria costante attività fisica. Gli esercizi consistevano nel mantenere una buona forma fisica, lanciare giavellotti, esercitarsi alla lotta, correre con l'intera armatura addosso, esercitarsi alle lunghe marce sotto il sole. Fra i vari greci il soldato più temuto ero lo spartano. L'oplita di Sparta era stimato per la sua etica ed il suo rigore morale. Nel periodo di massimo splendore di Sparta, si diceva che «un soldato spartano valesse molti più uomini di qualsiasi altro esercito», come si è più volte dimostrato nella battaglia delle Termopili, in cui 300 spartani guidati dal loro re Leonida tennero testa a migliaia di persiani per molto tempo.

L'esercito dei greci era basato sulla fanteria, e combatte-

Battle of the Hydaspes 326 BC - Battaglia dell'Idaspe 326 a.C

Indian war elephants of King Porus versus Macedonian army of Alexander the Great
Elefanti da guerra indiani del re Poro contro l'esercito macedone di Alessandro magno

through the use of phalanx formation in the classical style: a single line with a uniform depth of 8 to 12 men. The Greek army consisted mainly of the hoplites (infantry units, more common than in ancient Greece), they were equipped with spears (dory), short swords (xiphos) and a large circular bronze shield (oplon).
Many Greek cities included distinctive features in their armies, to distinguish their soldiers from those of other city-states. For example, the Spartans' shields bore the letter lambda used as a political/military symbol, which referred to the first name of their city. In the archaic period, the Greeks were equipped with bronze armour and a helmet, usually a Corinthian helmet.
Along with the hoplite there were light infantry soldiers, who were usually citizens who could not afford armor. The latter wore shields and most of the equipment of the hoplites even up to battle; they were equipped with javelins, slingshots and, sometimes, bows. They acted as a disturbing troop during battles. When the battle ended they did everything possible to cover the retreat or massacred the

va attraverso l'utilizzo di formazione a falange con lo stile classico: una sola riga con una profondità uniforme da 8 a 12 uomini. L'esercito greco era composto principalmente dagli opliti (unità della fanteria, più comune della Grecia antica); essi erano dotati di lance (dory), spade corte (xiphos) e un largo scudo circolare di bronzo (oplon). Molte città greche inserivano nei propri eserciti dei tratti distintivi, in modo da distinguere i propri soldati da quelli delle altre città Stato. Ad esempio gli scudi degli Spartani riportavano la lettera lambda usata come simbolo politico/militare, che faceva riferimento al primo nome della loro città. Nel periodo arcaico, i greci erano equipaggiati con armature di bronzo e un elmo, di solito un elmo corinzio. Insieme all'oplita c'erano i soldati di fanteria leggera, che solitamente erano cittadini che non potevano permettersi armature. Questi ultimi portavano gli scudi e la maggior parte dell'equipaggiamento degli opliti anche fino in battaglia; erano dotati di giavellotti, fionde e, a volte, archi. Agivano come truppa di disturbo durante gli scontri. Quando la battaglia terminava, o facevano tutto il pos-

Priam , king of Troy
Priamo re di Troia

enemy if their hoplites came out victorious. In addition to hoplites and light infantry there was also a small part of light cavalry.
The young Greek aristocrats were proud to volunteer in this corps: owning a war horse, in fact, was a symbol of prestige.
Despite everything, the cavalry at the time proved to be a rather weak instrument of combat, starting with the fact that there were no saddles or stirrups.
The knights were generally armed with two spears and a curved sword; they did not wear any armour and the shield was only used in parades. The ancient armies, Trojans and Mycenaeans, generally followed the pattern of these military customs.

The Macedonian army

The Macedonian army, heir to the Greek one, brought to maximum efficiency an exceptional war system, especially through the work of its most famous leader: Alexander the Great. It included heavy cavalry units of the nobles (*ethers*), light cavalry (*prodromoi*), and above all heavy in-

sibile per coprire la ritirata o massacravano il nemico se i loro opliti ne uscivano vittoriosi. Oltre a opliti e fanteria leggera c'era anche una piccola parte di cavalleria leggera.
I giovani greci aristocratici erano orgogliosi di potersi presentare volontari in questo corpo: possedere un cavallo da guerra, infatti, era simbolo di prestigio. Malgrado tutto, la cavalleria al tempo si rivelò uno strumento di combattimento piuttosto debole, a cominciare dal fatto che non esistevano selle né staffe.
I cavalieri generalmente erano armati con due lance e una spada curva; non indossavano nessuna corazza e lo scudo lo utilizzavano solo nelle parate. Gli eserciti antichi, troiani e micenei, seguivano generalmente la falsariga di questi costumi militari.

L'esercito macedone

L'esercito macedone, erede di quello greco, portò alla massima efficienza un sistema bellico eccezionale soprattutto per opera del suo condottiero più famoso: Alessandro Magno. Comprendeva unità di cavalleria pesante dei nobili (*eteri*), la cavalleria leggera (*prodromoi*), e soprattutto la

Trojan army for the wars of 1250 b.C - l'esercito troiano nel 1250 a.C.

fantry ordered in compact phalanges armed with the long pike called sarissa, light infantry (*peltatists*) and other bodies organically integrated with each other (such as archers), as well as siege machines.
The Macedonian army was the most complex military machine ever constituted. The effective set of departments was framed by a real corps of officers, trained and prepared by special schools, almost like ante litteram academies. The Macedonian phalanx was composed of a frontal impact force, the pezeteri, heavily armored and armed with the very long Macedonian pike and the 5-7 m sarissa, arranged in several rows until it became a real porcupine bristling with blades, supported on its sides by a body of selected hoplites, the hypaspistai.

The Persian army

Cyrus the Great succeeded in creating an enormous multi-ethnic empire, imposing in every territory the government of a trusted person, the satrap. Each satrap had to deliver to the Grand King a tax, variable according to the wealth of the region. The management of such a vast

fanteria pesante ordinata in compatte falangi armate con la lunga picca chiamata sarissa, la fanteria leggera (*peltasti*) e altri corpi tra loro organicamente integrati (come gli arcieri), nonché macchine d'assedio.
L'esercito macedone fu la più complessa macchina militare fino ad allora costituita. L'efficace insieme dei reparti era inquadrato da un vero e proprio corpo di ufficiali, istruiti e preparati da apposite scuole, quasi delle accademie ante litteram. La falange macedone si componeva di una forza d'urto frontale, i pezeteri, pesantemente corazzati ed armati con la lunghissima picca macedone e la sarissa di 5–7 m, disposta su più file fino a divenire un vero e proprio istrice irto di lame, supportata sui fianchi da un corpo di opliti scelti, gli hypaspistai.

L'esercito persiano

Ciro il Grande riuscì a creare un enorme impero multi-etnico, imponendo in ogni territorio il governo di una persona fidata, il satrapo. Ogni satrapia doveva consegnare al Gran Re una tassa, variabile in base alla ricchezza della regione. La gestione di un così vasto impero necessitava di soldati di

Trojan army for the wars of 1250 b.C - l'esercito troiano nel 1250 a.C.

empire needed professional soldiers to keep the peace, to quell any attempt at rebellion, and to protect the borders.
The Persian army, on paper, was very powerful because it was enormous, and with many types of troops, infantry, cavalry and war chariots. The elite cover of the army was the king's guard, the Immortals.
The Immortals were a heavy infantry corps led by Hydarnes and consisted of 10,000 men, neither one more nor one less: if someone was killed, seriously wounded or seriously ill he was immediately replaced (it was for this very reason that they were called "immortals"). The unity was based on a strong body spirit and accepted only components of Meda or Persian origin.
Their armament consisted of: a leather and wicker shield, a short iron-tipped spear and a counterweight at the opposite end in the shape of a pomegranate, a bow and quiver for arrows, a dagger or a short sword. The typical body equipment consisted of a soft felt tiara or headgear, a long-sleeved embroidered tunic, trousers and a metal crush. The tactics used by immortals are still partly unknown.

professione per mantenere la pace, sedando ogni tentativo di ribellione, e per proteggere i confini.
L'esercito persiano, sulla carta, era potentissimo perché enorme, e con molti tipi di truppa, di fanteria, cavalleria e carri da guerra. Il copro d'élite dell'esercito era rappresentato dalla guardia del re, gli Immortali.
Gli Immortali erano un corpo di fanteria pesante guidato da Idarne ed era composto da 10.000 uomini, né uno in più né uno in meno: se qualcuno era ucciso, gravemente ferito o seriamente malato era subito rimpiazzato (fu proprio per questo motivo che vennero chiamati "immortali"). L'unità si basava su un forte spirito di corpo e accettava solo componenti di origine meda o persiana.
Il loro armamento era composto da: scudo di pelle e di vimini, una lancia corta con la punta di ferro e un contrappeso all'estremità opposta a forma di melagrana, un arco e una faretra per le frecce, una daga o una spada corta.
L'equipaggiamento tipico del corpo consisteva in una tiara o un copricapo di feltro soffice, una tunica ricamata a maniche lunghe, pantaloni e una cotta di metallo. Le tattiche utilizzate dagli immortali sono ancora in parte sconosciute.

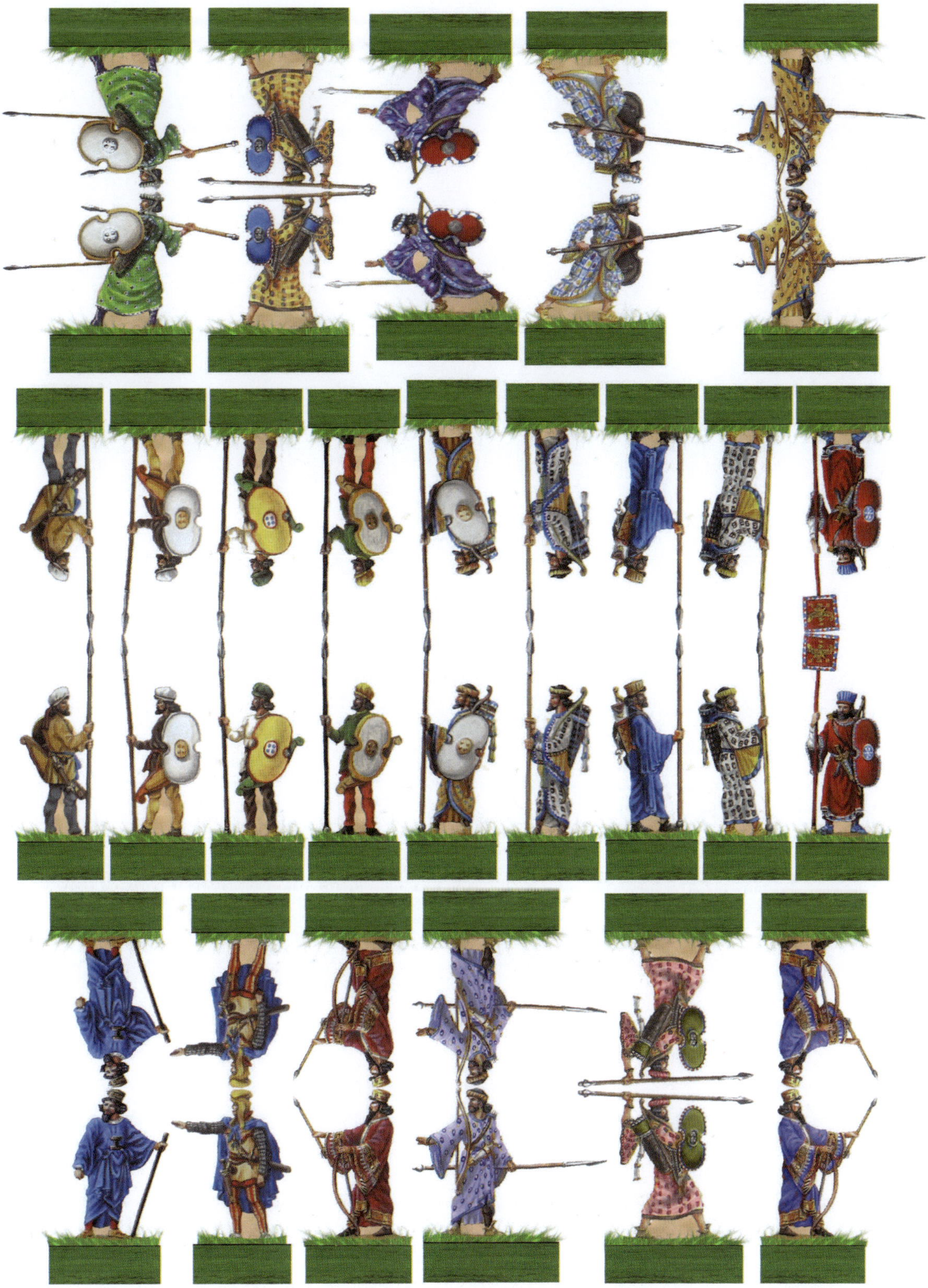

▲ Death of the Persian admiral at Salamis. By William Rainey

Persian army V cent. b.C - Esercito persiano V° secolo a.C.

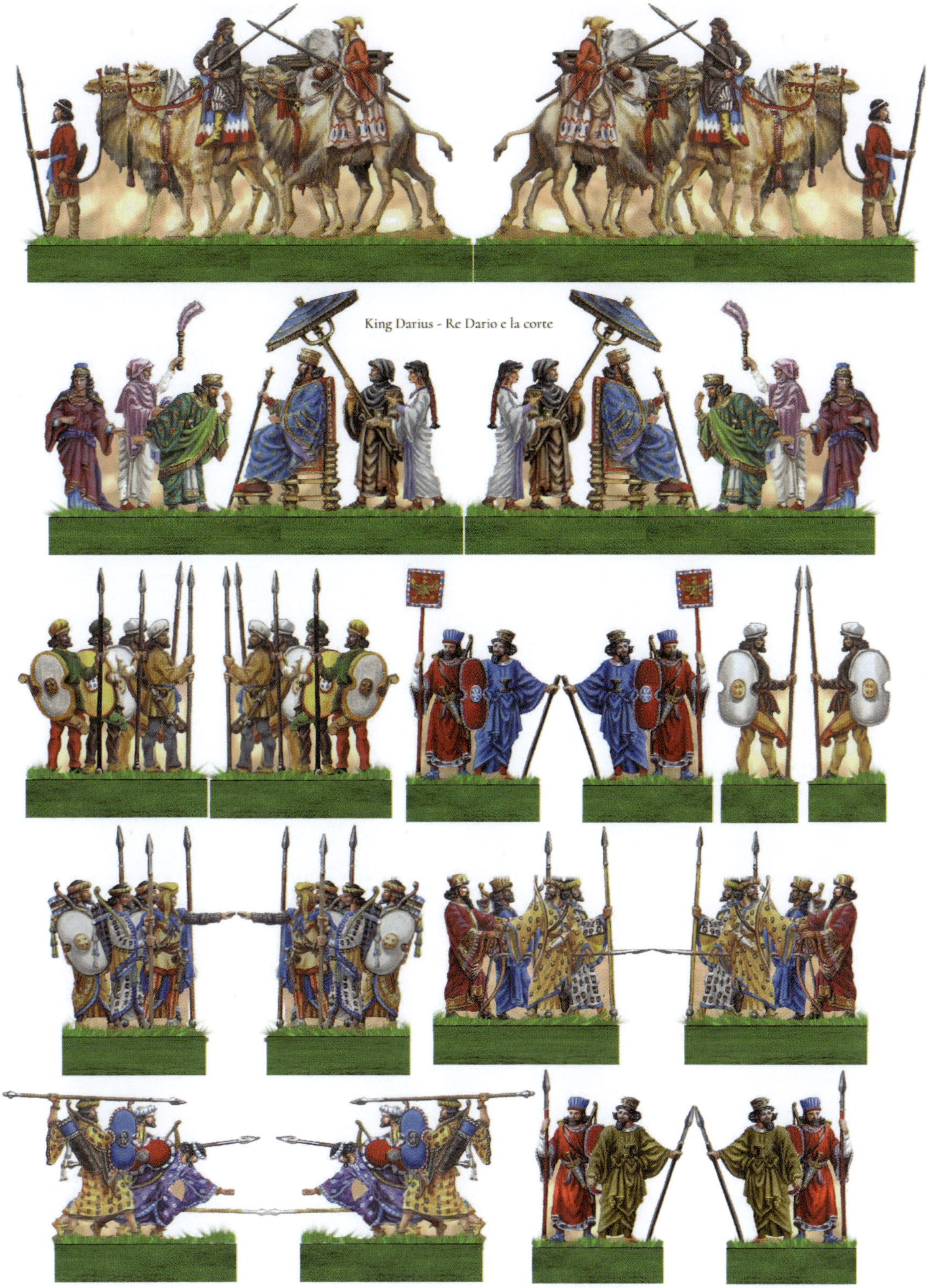

SCENERIES FOR THE ANCIENT GREEK WARS

SCENARI PER LE GUERRE AL TEMPO DEGLI ANTICHI GRECI

SCENERY FOR THE BATTLE OF MARATHON 490 B.C.

The battle of Marathon was fought in August or September 490 B.C. during the First Persian War and saw the Athenian forces, supported by those of Platea and commanded by the Callimachus Polemarch, opposed to those of the Persian Empire, commanded by Generals Dati and Artaferne.

The forces in the field

Herodotus tells us about 10,000 Greek hoplites and it seems reasonable to think that the army of Milziade was composed of 6,000 or 7,000 Athenian hoplites and a thousand platoese. To these we must add the non-combatants and the light troops, who had no role in the battle, and thus reached a maximum of 10,000 or 12,000 men.

For the Persian Army, considering the possible size of the fleet, it can be estimated that the total force, including sailors and rowers in the fleet, is around 25,000 men. Therefore, an army not much greater than that available to the Greeks. This would bring down one of the first myths that wrapped this episode, namely the victory of the few against the many.

SCENARIO PER LA BATTAGLIA DI MARATONA 490 A.C

La battaglia di Maratona fu combattuta nell'agosto o nel settembre 490 a.C. nell'ambito della prima guerra persiana e vide contrapposte le forze ateniesi appoggiate da quelle di Platea e comandate dal polemarco Callimaco, a quelle dell'impero persiano, comandate dai generali Dati e Artaferne.

Le forze in campo

Erodoto ci parla di 10.000 opliti ellenici e sembra ragionevole pensare che l'esercito di Milziade fosse composto da 6.000 o 7.000 opliti ateniesi e un migliaio di plateesi. A questi vanno aggiunti i non combattenti e le truppe leggere, che non ebbero alcun ruolo nella battaglia, per arrivare quindi a un massimo di 10.000 o 12.000 uomini.

Per l'armata persiana, considerando le possibili dimensioni della flotta, si può stimare in circa 25.000 uomini la forza complessiva compresi marinai e rematori della flotta. Quindi un'armata non molto superiore a quella a disposizione dei greci. Questo farebbe cadere uno dei primi miti che hanno avvolto questo episodio, e cioè la vittoria dei pochi contro i tanti.

▲ The legendary history of the Ulysses's Trojan horse...

Persian army war chariots V cent. b.C - Esercito persiano carri da guerra V° secolo a.C.

The battle

Confirming a relative balance of manpower in the field and the plan to hold Milziade at Marathon while Artaferne, with the fleet, made a roundabout movement towards Athens, is the fact that the battle began after three days of mutual observation. Milziade, the Greek commander, decided to take the initiative by deploying the phalanx on the battle line, but reinforcing the two wings to the detriment of the central lines, which were reduced to a few rows, to contain any possible manoeuvres by the enemy cavalry, since he was not equipped with them.

At that point the two sides probably moved against each other and the Athenians completed the movement with a short charge. A very violent clash followed and the Persians suffered the consequences, being much less expert in hand-to-hand combat. In the meantime, the Athenian centre, being less numerous, slowly yielded to the adversaries but without breaking ranks, the adequately reinforced wings blocked the enemy cavalry's manoeuvres, and once they broke through the Persian line-up, they began

La battaglia

A conferma di un relativo equilibrio di effettivi sul campo e il piano di trattenere Milziade a Maratona mentre Artaferne, con la flotta, compiva un movimento aggirante verso Atene è il fatto che la battaglia inizio dopo tre giorni di osservazione reciproca. Milziade, il comandate greco decise di assumere l'iniziativa schierando la falange in linea di combattimento rinforzando però le due ali a discapito delle linee centrali che furono così ridotte a poche file, per contenere eventuali manovre aggiranti della cavalleria nemica essendone lui sprovvisto.

A quel punto probabilmente i due schieramenti si mossero l'uno contro l'altro e che gli Ateniesi abbiano completato il movimento con una breve carica. Ne seguì uno scontro molto violento e i Persiani ne subirono le conseguenze, essendo assai meno esperti nelle lotte corpo a corpo. Intanto il centro ateniese, essendo meno numeroso, cedeva lentamente agli avversari ma senza rompere le file, le ali adeguatamente rinforzate bloccavano le manovre della cavalleria nemica, e una volta sfondato lo schieramento

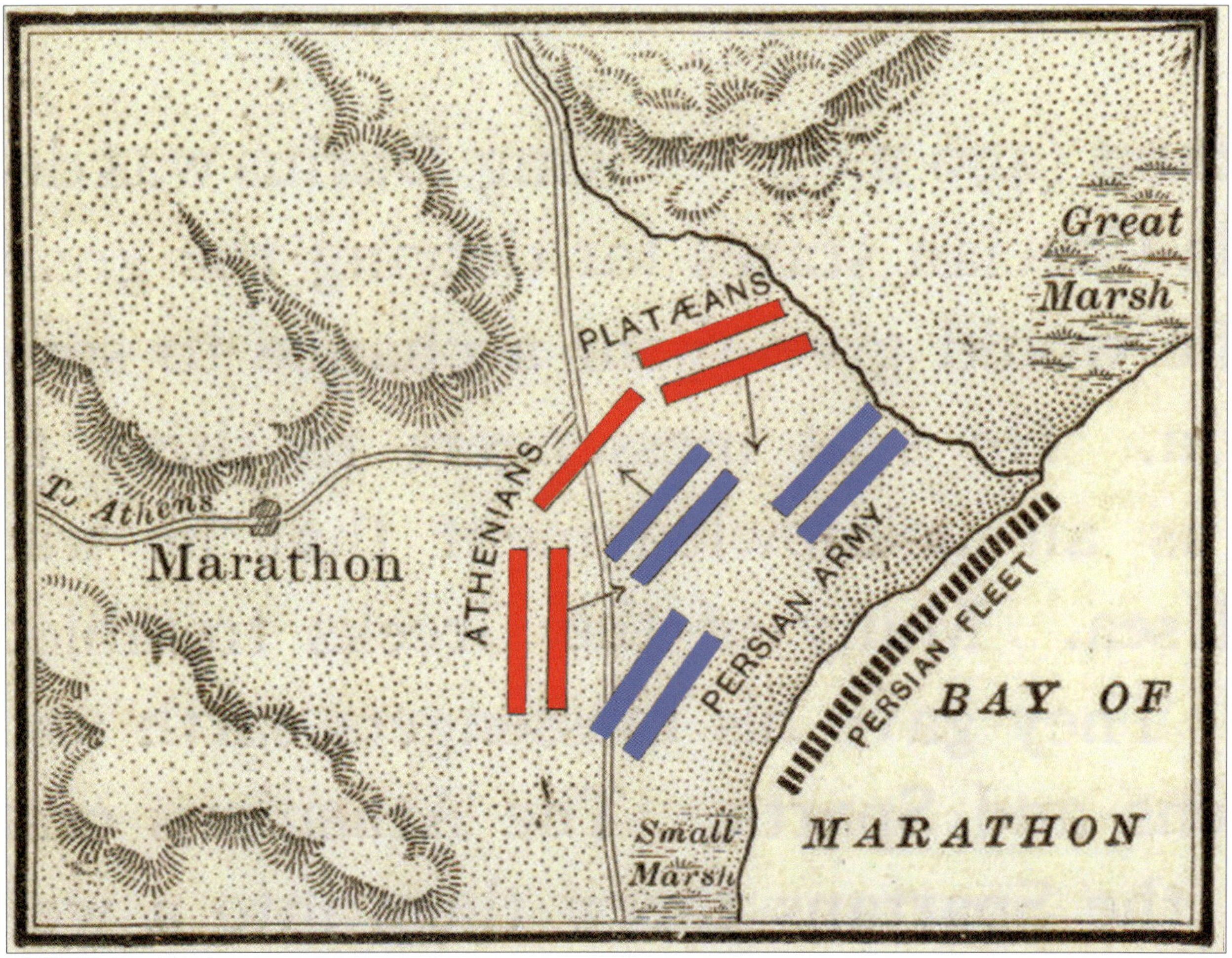

Persian army cavalry V cent. b.C - Esercito persiano la cavalleriaV° secolo a.C.

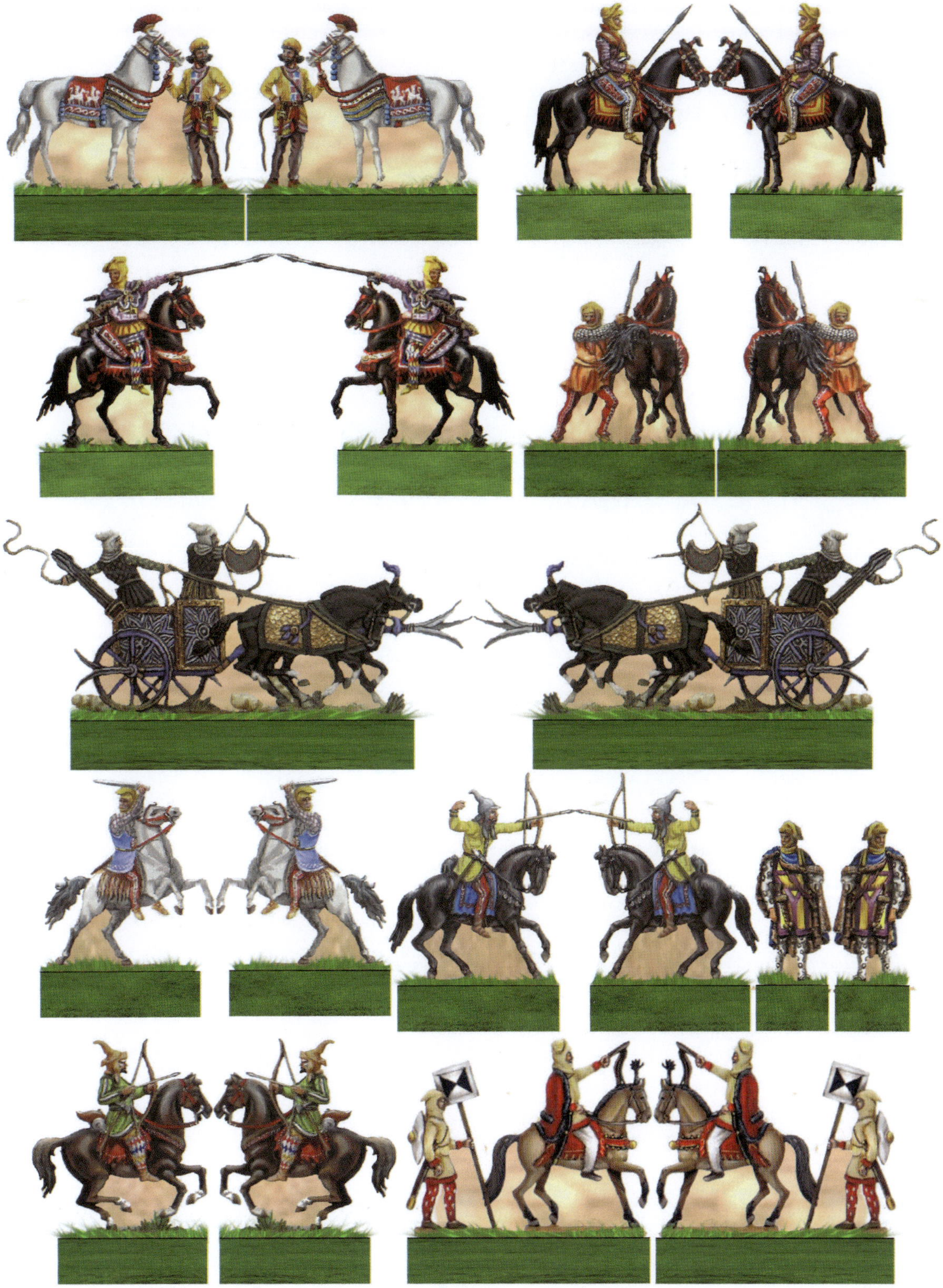

to pincerely close the entire Persian army. At this point, feeling surrounded, the Persians broke through and broke off the line trying to reach their ships. They did not have the time, however, as the Greeks threw themselves on the fleeing Persians and slaughtered them. There were very few who managed to save themselves. Testimonies speak of as many as 6,400 Persians who died in the field. For their part, the Athenians counted only 192 dead.
According to the tradition reserved to heroes in Greece, the corpses of the fallen were cremated and, on the very site of the battle, a mound was erected, still visible today. Some excavations carried out in the area have revealed the remains of numerous pyres.
With Marathon, for the first time, a Greek army had defeated a Persian army in the open field. The victory was total and the legend says that Phillipides, hoplite and messenger, was sent to Athens to announce the victory and, after running all the way to Athens, he fell dead after his announcement. Having defeated Artaferne, he sailed along the coasts of Asia.

SCENARIO FOR THE BATTLE OF ISSO NOVEMBER 333 BC

A battlefield like that of Isso, with reduced manoeuvring space, proved unfavourable for a very large army like the Persian one, while favouring the agile and reduced Macedonian forces.
As far as the size of the forces on the field is concerned, historical sources agree to indicate a figure of about 40,000 Macedonian soldiers (5,000 horsemen and 35,000 infantrymen), but as usual they exaggerate and disagree on the amount of Persian forces: according to Arriano and Plutarco even 600,000 men. Modern historiography puts the numbers at a lower level: between 100,000 and 120,000 men for the Persians and about 30,000 for the Macedonians. However, a ratio of one to 3/4. Alexander was lined up on the right, at the exit of the Pinarus valley, in command of the heavy cavalry of his guard, the ethers (in ancient Greek, the king's companions). On his left was the fearsome phalanx and the Macedonian light infantry (peltasti) under the leadership of Parmenione, whose left flank was protected by a contingent of allied knights from Thessaly. Commander Cratero was on the left wing commanded by Parmenione, who had been given the tactical order not to leave the sea. There were also other troops in support: the archers of Antiochus, the hetaîroi and Attalus presided on the far right.
The Persians, for their part, concentrated their cavalry on the right flank, near the coast, to support a phalanx of hoplites made up of mercenaries from Greece. Darius had placed the heavy infantry (Cardios) along the river and a

persiano, iniziarono a chiudere a tenaglia l'intero esercito persiano. A questo punto, sentendosi circondati i persiani ruppero lo schieramento andarono in rotta cercando di raggiungere le proprie navi. Non ne ebbero però il tempo, i Greci si gettarono infatti sui Persiani in fuga facendone strage. Furono davvero pochi quelli che riuscirono a mettersi in salvo e a prendere il mare verso la salvezza. Le testimonianze parlano di ben 6.400 morti persiani raccolti sul campo. Dal canto loro, gli Ateniesi contarono solo 192 morti. Secondo l'uso riservato agli eroi in Grecia, i cadaveri dei caduti furono cremati e, sul luogo stesso della battaglia, fu eretto un tumulo visibile ancora oggi. Alcuni scavi effettuati nella zona hanno evidenziato i resti di numerosi roghi. Con Maratona, per la prima volta, un'armata greca aveva sconfitto un esercito persiano in campo aperto. La vittoria fu totale e la leggenda dice che Filippide, oplita e messaggero, fu spedito ad Atene per annunciare la vittoria e dopo aver corso fino ad Atene cadde morto dopo il suo annuncio.
Sconfitto Artaferne fece vela per le coste dell'Asia.

SCENARIO PER LA BATTAGLIA DI ISSO NOVEMBRE 333 A.C

Un campo di battaglia come quello di Isso, con un ridotto spazio di manovra, si rivelava sfavorevole per un esercito molto numeroso come quello persiano, favorendo al contempo le agili e ridotte forze macedoni.
Per quanto riguarda l'entità delle forze in campo, le fonti storiche concordano nell'indicare una cifra di circa 40.000 soldati macedoni (5.000 cavalieri e 35.000 fanti), ma come al solito esagerano e sono discordanti sull'ammontare delle forze persiane: secondo Arriano e Plutarco addirittura 600.000 uomini. La storiografia moderna si attesta su cifre inferiori: tra i 100.000 e 120.000 uomini per i Persiani e circa 30.000 per i Macedoni. Comunque un rapporto di una a 3/4. Alessandro era schierato alla destra, all'uscita della valle del Pinarus, al comando della cavalleria pesante della sua guardia, gli eteri (in greco antico compagni del re). Alla sua sinistra si trovava la temibile falange e la fanteria leggera macedone (peltasti) sotto la guida di Parmenione, il cui fianco sinistro era protetto da un contingente di cavalieri alleati provenienti dalla Tessaglia. Il comandante Cratero era sull'ala sinistra comandata da Parmenione, a cui era stato dato l'ordine tattico di non allontanarsi dal mare. Erano inoltre presenti altre truppe a supporto: gli arcieri di Antioco, gli hetaîroi e all'estrema destra presiedeva Attalo.
I Persiani dal canto loro concentrarono la cavalleria sul fianco destro, in prossimità della costa, a supporto di una falange di opliti costituita da mercenari provenienti dalla Grecia. Dario aveva disposto la fanteria pesante (cardaci)

Persian army cavalry V cent. b.C - Esercito persiano la cavalleria V° secolo a.C.

group on the hills, to threaten the Macedonian right flank. At the centre of the formation was the king with his best troops: the immortals (supported by an infantry corps still made up of Greek mercenaries) and the royal cavalry.
The Persian cavalry was the first to start hostilities by charging Parmenion's troops and the Thessalian cavalry, which were located across the river. The Macedonian right wing, composed of the heavy cavalry of the ethers, was decisive for the fate of the battle. While the Macedonian phalanx was holding the Persian cavalry and the Thessalians were pulling back and engaging it, Alexander ordered his knights to load the left flank of the enemy line, right at the foot of the mountains, and after weakening it, he made an opening between the enemy lines. Alexander's attack overcame the barrages set up by archers, light infantry and heavy cavalry, separating the left wing from the centre of the line.
In the meantime, the phalanx, less fast in movement, slowly yielded to the Persians who attacked it from all sides, while the knights held off the Greek mercenaries. Alexander almost reached the Persian sovereign and it is said that he tried to hit him with a spear, but he failed. In that moment Darius decided to retire, forced to leave his wagon

lungo il fiume e un gruppo sulle colline, per minacciare il fianco destro macedone. Al centro della formazione si trovava il re con le sue truppe migliori: gli immortali (supportati da un corpo di fanteria ancora di mercenari greci) e la cavalleria reale.
La cavalleria persiana fu quella che si mosse per prima dando inizio alle ostilità caricando le truppe di Parmenione e la cavalleria tessalica, le quali si trovavano oltre il fiume. L'ala destra macedone, composta dalla cavalleria pesante degli eteri, fu decisiva per le sorti della battaglia. Mentre la falange macedone reggeva l'urto della cavalleria persiana e i tessali arretravano impegnandola, Alessandro ordinò ai suoi cavalieri di caricare il fianco sinistro dello schieramento avversario, proprio ai piedi delle montagne, e dopo averlo indebolito si aprì un varco tra le linee nemiche. L'attacco di Alessandro superò gli sbarramenti posti da arcieri, fanteria leggera e cavalleria pesante, separando l'ala sinistra dal centro dello schieramento.
Nel frattempo, la falange, meno veloce nei movimenti, cedeva lentamente di fronte ai Persiani che l'attaccavano da ogni parte, mentre i cavalieri tenevano a bada i mercenari greci. Alessandro raggiunse quasi il sovrano persiano e si dice che cercò di colpirlo con una lancia, non

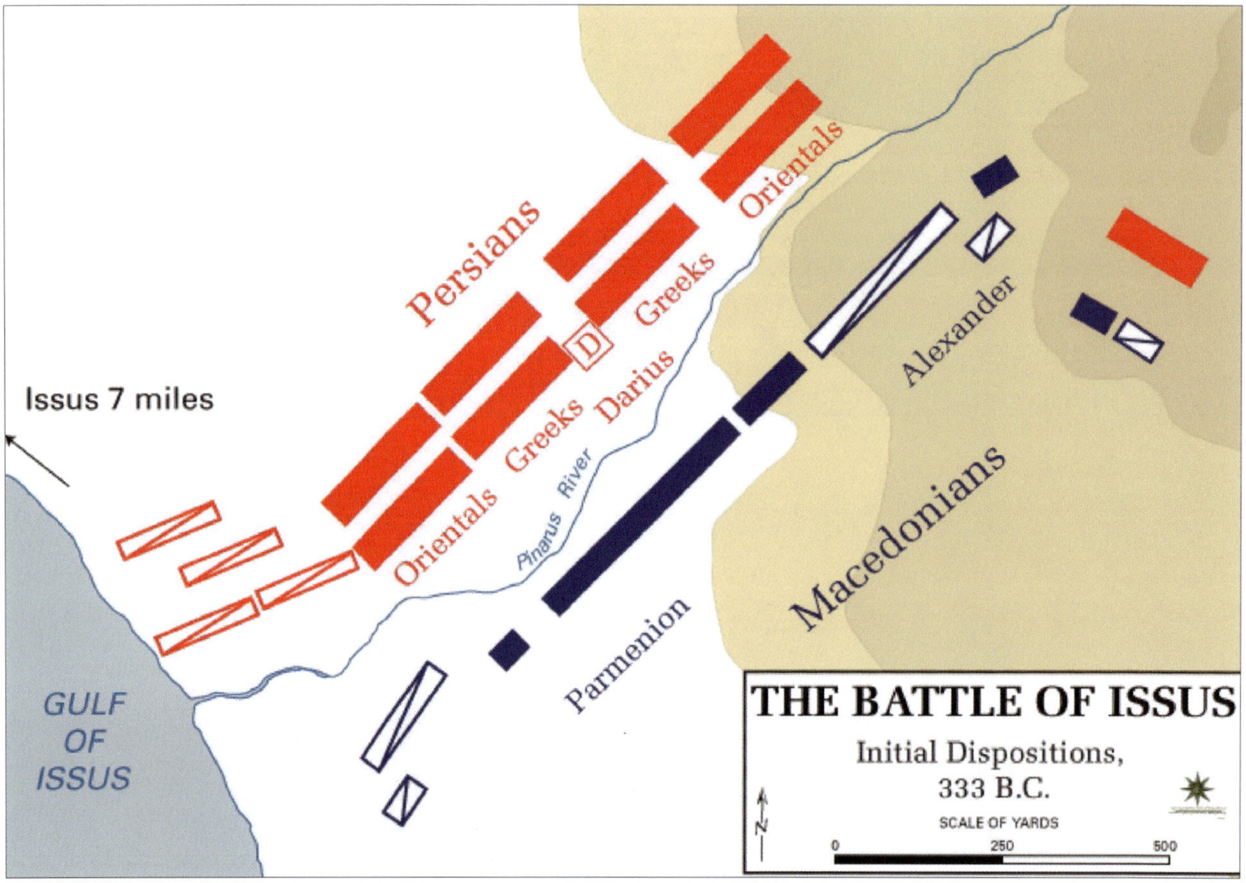

Persian army cavalry V cent. b.C - Esercito persiano la cavalleriaV° secolo a.C.

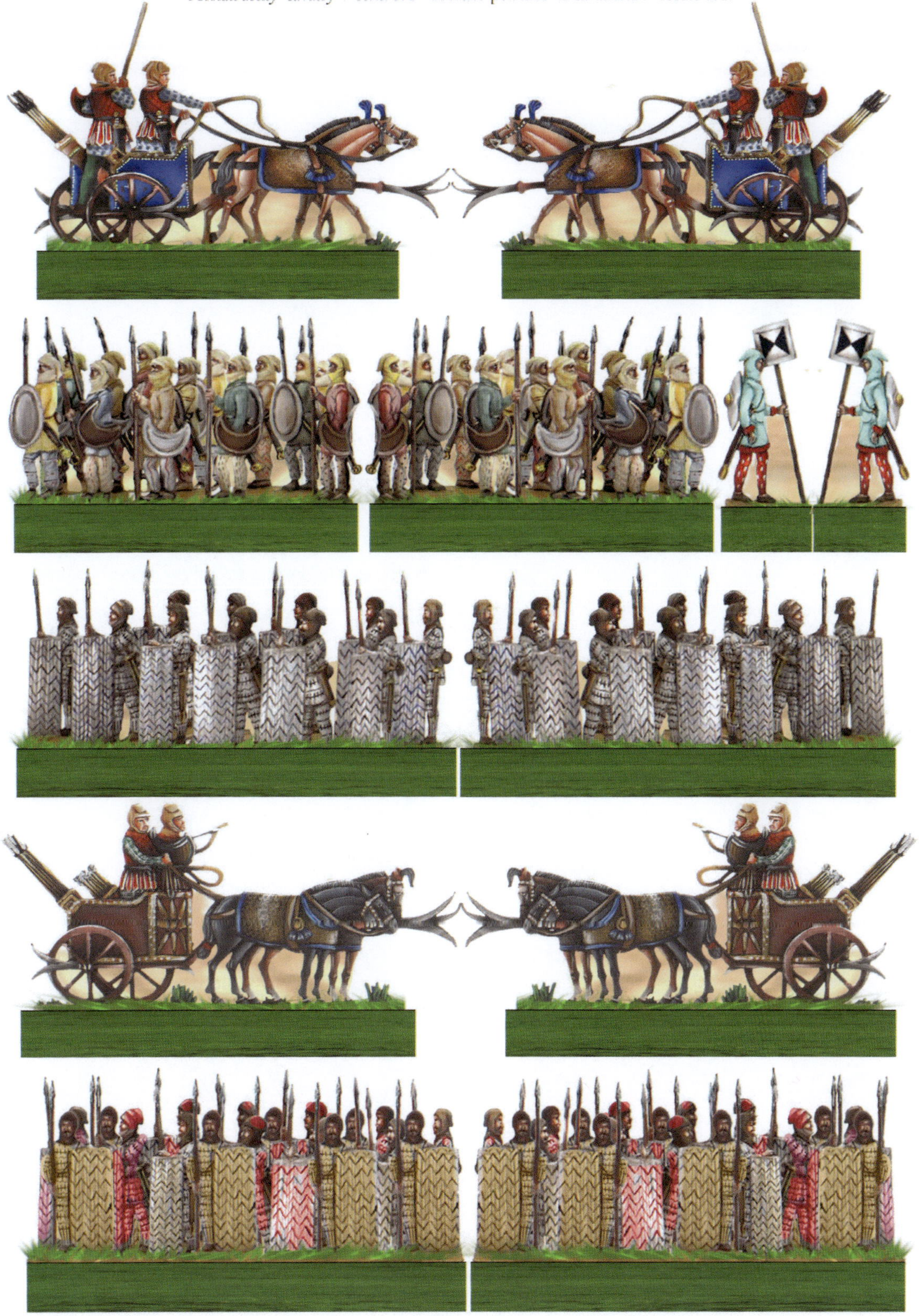

and to flee on a horse, abandoning also the shield, leaving his brother Ossatre to fight until death.
Mounted on horseback, the same Macedonian sovereign led the ethers in a new assault against the centre of the Persian line-up, putting him on the run; Parmenione's phalanx and the Thessalian cavalry were now about to give in, so Alexander did not chase Darius, but attacked the Greek mercenaries' phalanx from behind.
At the sight of their king forced to flee, the Persian soldiers retreated and were cut down by the Macedonian cavalry that chased them until sunset.
For Persia it was the first military defeat of an army commanded by one of their sovereigns, while for the Macedonians the road to conquest the empire was opened.
The Persians counted more than 110,000 dead, including very famous officers.
About 8,000 Greek mercenaries decided to flee to Tripoli.
Among the Macedonians there were 150 losses, including 32 infantrymen, while more than 500 were wounded.
In addition to an immense booty, some of Darius' family members were captured, including his mother Sisigambi, his wife Statira I and his daughters Statira II and Dripetide.

riuscendoci. Dario decise in quel momento di ritirarsi, costretto a lasciare il suo carro e a darsi alla fuga su un cavallo, abbandonando anche lo scudo,lasciando suo fratello Ossatre a combattere sino alla morte.
Montato a cavallo, lo stesso sovrano macedone condusse gli eteri in un nuovo assalto contro il centro dello schieramento persiano, mettendolo in fuga; la falange di Parmenione e la cavalleria tessalica stavano oramai per cedere, per cui Alessandro non inseguì Dario, ma attaccò alle spalle la falange dei mercenari greci.
Alla vista del loro re costretto alla fuga, i soldati persiani si ritirarono e vennero falcidiati dalla cavalleria macedone che li inseguì fino al tramonto.
Per la Persia si trattava della prima sconfitta militare di un esercito comandato da un loro sovrano, mentre per i Macedoni si apriva la strada per la conquista dell'impero.
I Persiani, contarono oltre 110.000 morti fra cui molto famosi ufficiali. Circa 8.000 mercenari greci decisero di fuggire verso Tripoli. Fra i Macedoni si contarono 150 perdite, tra cui 32 fanti, mentre i feriti furono oltre 500.
Vennero catturati, oltre a un immenso bottino, anche alcuni familiari di Dario tra cui sua madre Sisigambi, sua moglie Statira I e le sue figlie Statira II e Dripetide.

▲ The Spartian king Leonida.. A mith in the ancient history. By David

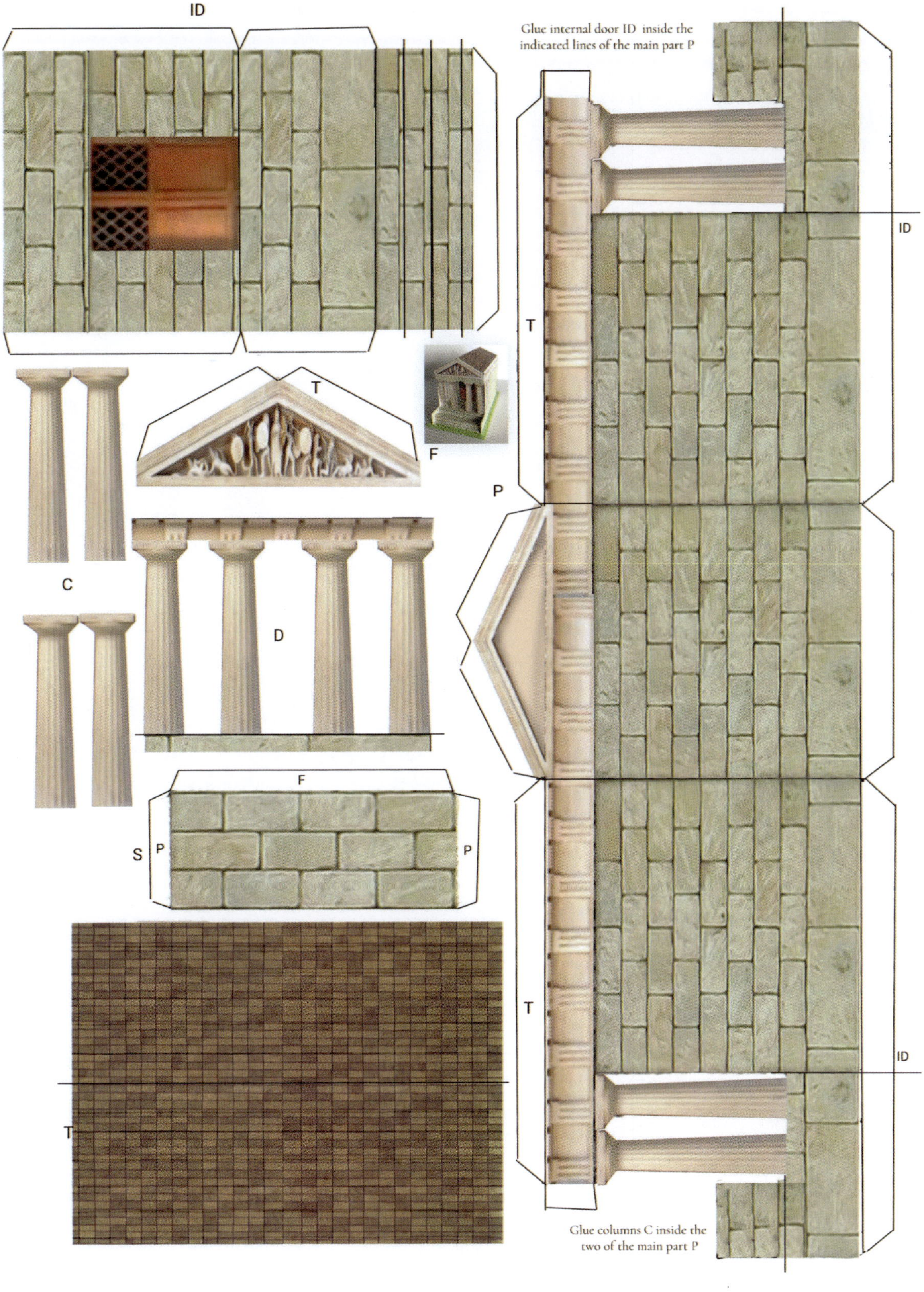
ID
Glue internal door ID inside the indicated lines of the main part P
ID
T
T
F
P
C
D
F
S
P
P
T
T
ID
Glue columns C inside the two of the main part P

Various trees for battlefield - *Vari alberi per il campo di battaglia*

PAPER BATTLE&DIORAMAS PUBLISHED AND IN WORKING

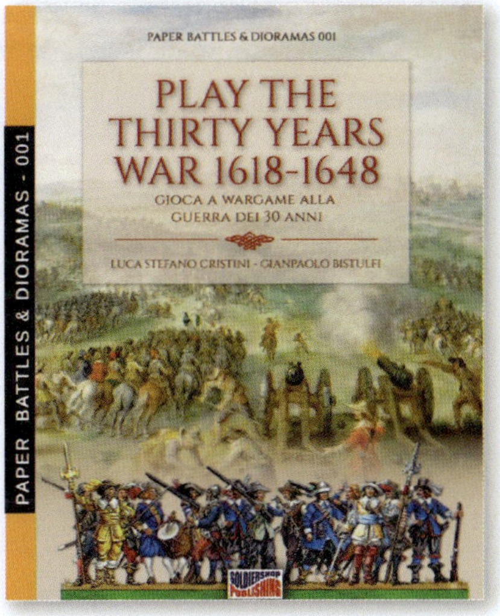

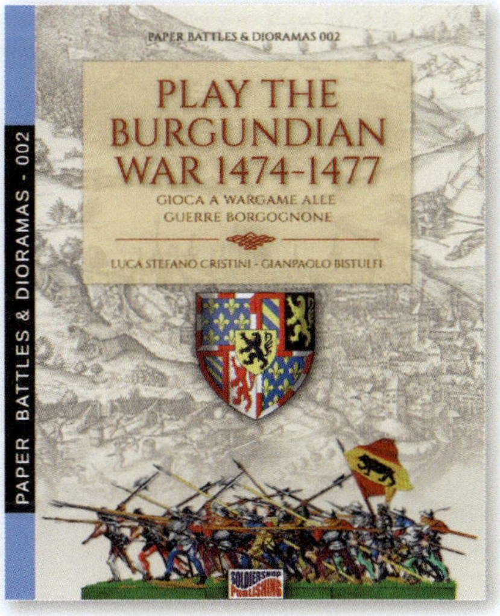

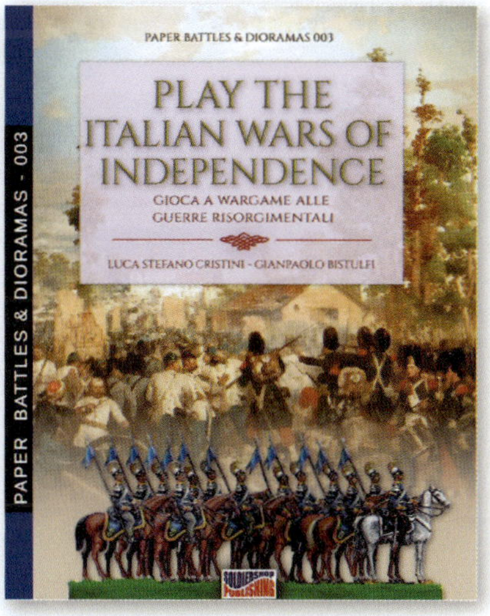

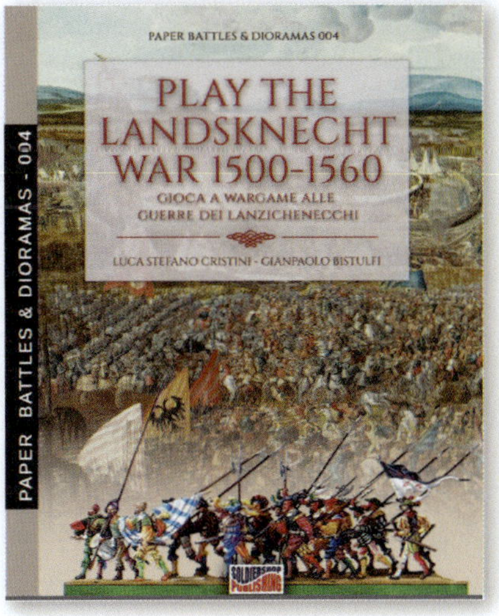

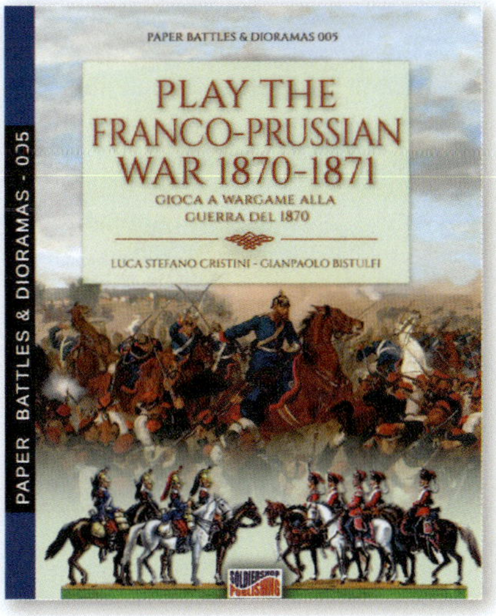

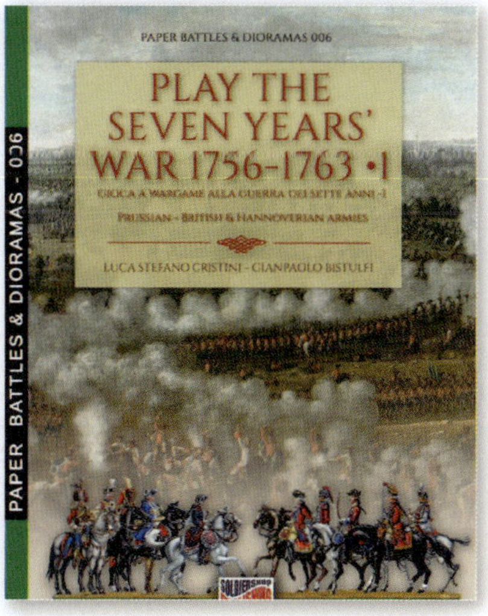

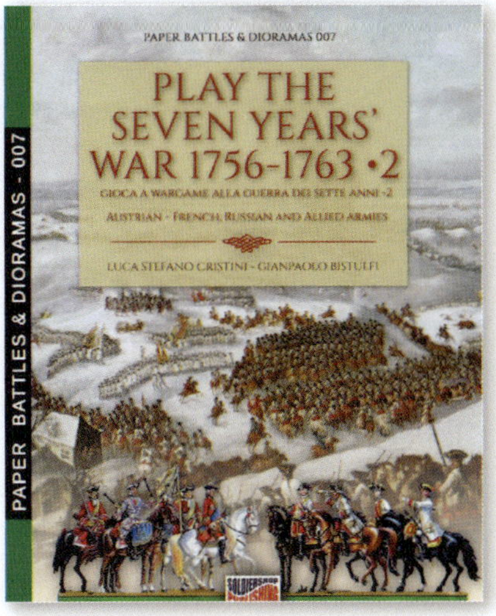

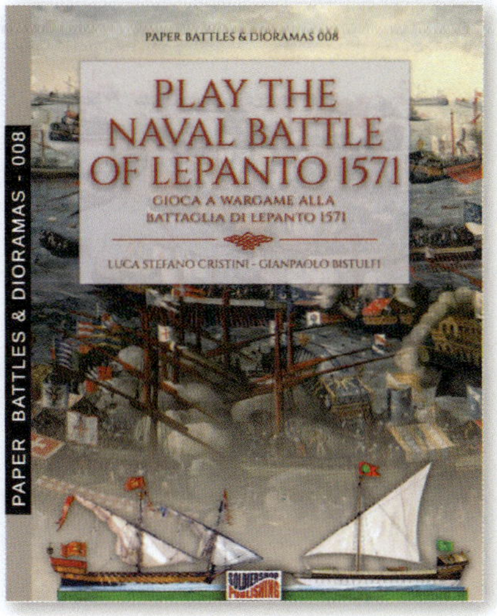

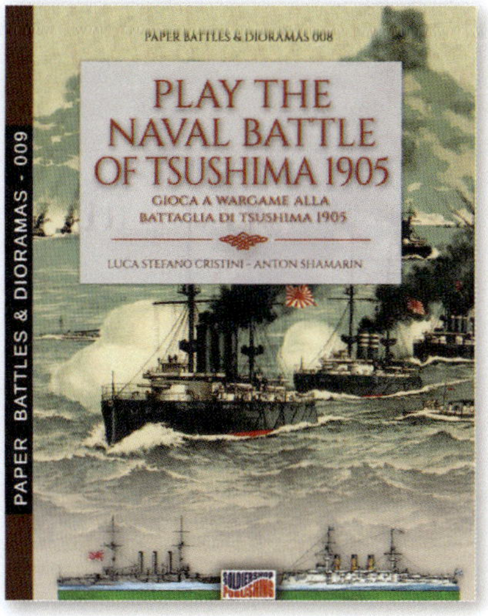

SOLDIERSHOP PUBLISHING

CRISTINI EDITORE

Printed in Great Britain
by Amazon

42349804R00032